틀린문제가 스승이다

틀린문제가 스승이다

권종철 지음

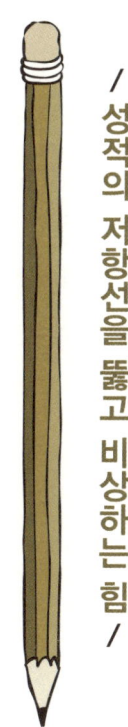

/ 성적의 저항선을 뚫고 비상하는 힘 /

다산
에듀

"틀린 문제가 스승이다"라는 문장을 접하고 당신은 어떤 생각이 들었는가? 만약 "당연한 얘기 아니야?"라는 생각을 했다면 당신은 이미 공부 잘하는 학생일 것이다. 당신이 만약 학생이 아니라 학부모라면 예전에 공부 잘하는 학생이었을 것이다. 그러나 이 문장에서 어떤 당혹감이나 다소간의 충격을 경험했다면 당신은 공부에 어려움을 겪고 있는 학생일 가능성이 높다. 다시 말해서 틀린 문제를 대하는 태도가 공부 잘하는 학생과 그렇지 못한 학생을 구분하는 하나의 기준이 될 수 있다는 얘기다. 이 책은 바로 여기서 출발한다.

틀린 문제를 대하는 태도. 일단 이것을 가지고 자신의 공부 습관을 진단할 수 있어야 한다. 현재 상태가 어떠하든 간에 틀린 문제를 소중히 여기고 진지하게 대하는 학생은 장차 급성장할 잠재력을 지니고 있다. 물론 공부의 영역에서 성장 가능성을 가늠하는 척도는 여러 가지가 있을 수 있다. 그러나 '틀린 문제를 대하는 태도'만큼 확실하고 분명한 기준을 만나기 쉽지 않다. 아울러 단지 태도를 바꾸는 것 하나만으로 이전과는 분명히 달라지는 모습을 보장해 준다는 점에서도 이보다 더 확실한 것은 없다.

결론적으로 말해서 이 책은 틀린 문제를 대하는 올바른 심리적 태도와 학습의 자세, 그리고 그 활용법을 다루는 책이다. 그리고 이를 통해 공부에 어려움을 겪고 있는 학생들이 어려움을 극복하고 자신의 목표에 다가설 수 있는 현실적이고 구체적인 길을 제시하고자 한다. 이 책에서 제시하는 방법에 따라 틀린 문제를 활용한다면 분명히 오래지 않아 괄목할 만한 성장을 기대할 수 있을 것이다. 그러나 한 가지 조건이 있다. 바로 틀린 문제에 대한 '태도'를 바꾸어야 한다는 것이다. 틀린 문제를 짜증의 대상으로 취급하거나 무덤덤하게 넘겨 버린다면 이 책에서 제시하는 방법은 무용지물이 될 것이다. 틀린 문제를 고마운 존재로 인식하고 소중하게 다룰 때에만 틀린 문제를 '스승'으로 영접할 수 있을 것이다.

이 책은 졸고 『도미노 공부법』의 후속편이다. 아니 더 정확하게 말하면 실전 편이라고 할 수 있다. 『도미노 공부법』을 집필하면서 가장 신경을 쓴 것이 원론적이고 추상적인 논의에 그치지 않고 실질적으로 학생과 학부모들에게 도움이 될 만한 구체적인 지침을 담는 것이었다. 실제로 책이 출간된 이후에 많은 독자 분들이 그

점에 대해서 공감해 주시고 격려의 말을 해 주셔서 고맙고 보람을 느꼈다.

그러나 다른 한 편으로 『도미노 공부법』에 대해서 부족함을 느끼고 아쉬움을 표현해 주신 독자들도 계셨다. 그분들의 의견들을 하나로 모아서 표현하기는 힘들지만, 내가 느끼기에 문제의 핵심은 『도미노 공부법』이 담고 있는 내용이 책 한 권에 담기에 너무 포괄적이었다는 점이다. 그래서 더 구체적이고 심층적으로 들어갈 필요가 있는 부분에서도 적당히 타협하고 그치고 만 부분들이 존재했고 저자의 입장에서 볼 때도 아쉬움으로 남아 있었다.

그래서 이 책이 나오게 되었다. 이 책의 제목은 『도미노 공부법』의 목차에서 소제목 하나를 그대로 사용했다. 따라서 책이 다루는 범위만 놓고 본다면 『도미노 공부법』에 비해서 제한적인 부분만을 다룰 것이라고 생각할 수도 있다. 그러나 『도미노 공부법』을 읽어 본 독자 분들이라면 "틀린 문제가 스승이다"라는 명제가 비록 형식적으로는 그 책의 소제목으로 사용되었지만 내용으로 놓고 볼 때는 책 전반을 관통하는 중요한 메시지 중의 하나였다는 점에 공감할 수 있을 것이다. 그런 의미에서 볼 때 이 책은 『도미노 공부법』의 기본 정신을 그대로 계승하고 있다고 볼 수 있다.

물론 이 책 자체만으로도 하나의 완결된 공부방법론을 이루고 있기 때문에 이 책의 내용을 활용하기 위해서 꼭 『도미노 공부법』을 먼저 읽어야 하는 것은 아니다. 그러나 이 책을 읽기 전에 『도미노 공부법』을 읽어 둔다면 이 책의 내용을 더 많이 공감하면서 수용하게 될 것이다. 만약 이 책을 읽기 전에 먼저『도미노 공부법』을 읽는 일이 여의치 않다면 사후에라도 꼭 읽어 보기를 권한다.

대한민국에서 공부하는 학생들. 아마 지구상에서 가장 힘든 학창 시절을 보내는 학생들이 아닐까 한다. 그리고 대한민국에서 학생들을 뒷바라지하는 학부모들. 그들 역시 지구상에서 자식들에게 인생의 가장 많은 부분을 희생하는 학부모들이 아닐까 한다. 이 책 한 권으로 그들의 고충을 모두 해소해 줄 수는 없을 것이다. 그러나 이 책을 통해 자그마한 돌파구라도 찾을 수 있기를 희망해 본다.

권종철

"틀린 문제를 스승으로 삼을 때
성적은 극적으로 상승한다."

차 례

Part 2
틀린 문제에 대한
궁극의 무기, 오답노트

Part 3
과목별 틀린 문제 활용법

Part 1

틀린 문제를 대하는
우리의 자세

01 세 가지 유형

공부 잘하는 학생이란

• • •

이 책을 집어 든 당신의 마음속에 단 한 가지 소망이 있다면 바로 공부 잘하는 학생이 되는 일일 것이다. 그렇다면 '공부 잘하는 학생'이란 어떤 학생을 말하는 것일까? 나는 이미 『도미노 공부법』에서 한 가지 규정을 소개한 바 있다. 그것은 바로 '예측 가능한 학생'이다. 단순히 '성적이 좋은 학생'이라고 규정하는 것이 부족한 이유는 그 성적이 진짜 실력에 의한 것이 아니라 일시적으로 '만들어진 것'일 수 있기 때문이다. 지금 좋은 성적을 받고 있지만 다음 시험에서 무너질 수 있다는 불안감에 시달린다면 공부 잘하는 학생이라고 말할 수 없다. 반대로 지금 성적이 별로 만족스럽지 못하지만 계획을 세워 차근차근 실천해 가면서 나아질 것임을 학생 스스로 확신할 수 있다면, 그는 공부 잘하는 학생이 될 가능성이 높다.

나는 여기서 이 '예측 가능성' 외에 다른 규정을 소개하려 한다. 그것은 예측 가능성이라는 규정과 관련 없는 별개의 것이 아니라 오히려 이 예측 가능성을 보완해 주는 규정이다. 그것은 바로 '틀린 문제를 대하는 태도'다. 틀린 문제를 대하는 태도에 따라 공부 잘하는 학생과 그렇지 못한 학생을 구분할 수 있다는 것이 내 생각이고 이 책의 기본 입장이다. '틀린 문제를 대하는 태도'는 어떤 학생이 공부를 잘하는 학생인지 아닌지, 혹은 장차 공부를 잘하게 될 것인지 아닌지를 판별하는 유용한 지표라고 할 수 있다.

왜 그럴까? 어떤 학생이 예측 가능한 학생이 되려면 꼭 필요한 한 가지가 있다. 그것은 바로 스스로를 진단할 수 있어야 한다는 것이다. 현재 상태에 대한 진단이 없는 미래 예측은 존재할 수 없다. 공부에 있어서도 마찬가지다. 현재 자신의 취약 과목이 무엇이고 그 취약 과목의 어떤 요소, 어떤 부분들에서 약점을 보이고 있는지를 진단할 수 있어야 그것을 장차 개선해 나갈 수 있다. 이러한 자기 진단에 있어서 가장 중요한 기준이 바로 '틀린 문제들'이다.

양적인 측면에서 볼 때 과목별로 틀린 문제의 개수를 비교해 보면 자신 있는 과목과 취약 과목을 구별할 수 있다. 취약 과목에서 틀린 문제의 개수를 줄여 가는 것이 바로 성적을 향상시키는 길이 될 것이다. 질적인 측면에서 볼 때 틀린 문제는 자신의 고질적인 문제점을 발견하게 해 주는 중요한 단서가 된다. 틀린 문제를 유형별로 분류하고 자신이 어떤 유형에서 많이 틀리는지 알게 된다면 향후 학습 계획을 세우는 데 결정적인 도움을 받을 수 있다.

여기서 우리는 틀린 문제를 대하는 올바른 태도가 무엇인지 이끌어 낼 수 있다. 틀린 문제를 대하는 올바른 태도는 그것을 자신에 대한 '진단의 도구'로 활용하는 것이다. 이렇게 틀린 문제를 진단의 도구로 활용해서 앞으로의 학습 계획을 세우고 그것을 차근차근 실천해 나갈 수 있다면 그 학생은 예측 가능한 학생이 될 수 있고, 따라서 '공부 잘하는 학생'이 될 수 있다. 이제 우리는 틀린 문제의 기준에서 볼 때 공부 잘하는 학생을 다음과 같이 정리할 수 있게 되었다.

공부 잘하는 학생은

❶ 틀린 문제를 진단의 도구로 활용하여
❷ 양적인 측면에서 틀린 문제의 개수를 줄여 나가고
❸ 질적인 측면에서 자신의 고질적인 문제점을 개선해 나가는 학생

이라고 정의할 수 있다.

틀린 문제를 대하는 세 가지 유형

...

앞에서 제시한 공부 잘하는 학생의 의미는 사실 생각해 보면 너무나 당연한 얘기라서 하나 마나 한 얘기처럼 느껴질 수 있다. 그러나 현실을 보면 이 당연한 얘기가 별로 통용되지 않는다. 대부분의 학생들이 틀린 문제에 대해서 올바른 태도를 보이고 있지 못하다. 틀린 문제를 대하는 학생들의 태도는 크게 보아 다음 세 가지로 나눌 수 있다.

무감각형 : 틀린 문제를 아무런 감흥 없이 대하는 유형

스트레스형 : 틀린 문제에 대해서 심하게 스트레스를 받는 유형

집중형 : 틀린 문제를 중요하게 여기고 집중하는 유형

여러분도 쉽게 짐작하겠지만 앞의 두 가지 유형이 옳지 못한 태도고 마지막 유형이 바람직한 태도다. 이 시점에서 여러분은 각자 자신이 어떤 유형에 속하는지 솔직하고 신중하게 판단해 보기 바란다. 여러분은 지금까지 '틀린 문제를 대하는 태도'라는 관점에서 스스로를 진단해 보지 않았을 것이다. 그렇기 때문에 지금까지 자신이 무감각형이나 스트레스형에 속하고 있었어도 그것을 자각하지 못했을 가능성이 높다. 자신의 현 상태를 자각하는 것과 그러지 못하는 것은 매우 다르다. 자각을 하는 순간 잘못을 고쳐 나갈 수

있는 힘을 얻게 된다.

이 책의 프롤로그에서 내가 한 말을 잠시 상기해 주기 바란다.

> 공부의 영역에서 성장 가능성을 가늠하는 척도는 여러
> 가지가 있을 수 있다. 그러나 '틀린 문제를 대하는 태도'만
> 큼 분명한 기준을 만나기 쉽지 않다. 아울러 단지 태도를
> 바꾸는 것 하나만으로 이전과는 분명히 달라지는 모습을
> 보장해 준다는 점에서도 이보다 더 확실한 것은 없다.

태도를 바꾸기 위해서는 지금까지 여러분이 어떤 태도를 지녀 왔는지에 대해 확실히 자각할 수 있어야 한다. 그리고 그러한 태도가 어디에서 비롯되었는지도 알 수 있다면 자각이 바로 성장을 위한 초석이 될 수 있다. 이제 여러분의 자각을 돕기 위해서, 그 자각이 철저하고 확실하게 이루어져서 '이전과 분명히 달라지는 모습'을 성취하도록 도움을 주기 위해서 앞에서 언급한 각 유형에 대해 조금 자세히 살펴보도록 하자.

무감각형

· · ·

무감각형은 틀린 문제를 아무런 감흥 없이 대하는 유형을 말한

다. 많은 수의 학생들이 이 유형에 속한 것이 현실이지만 가만히 생각해 보면 참 이상하다. 공부를 하는 학생이 틀린 문제에 대해서 무감각하다니 말이다. 그러나 이런 유형의 학생들이 처음부터 틀린 문제에 무감각하지는 않았을 것이다. 처음에는 분명 틀린 문제들에 속상해하거나 짜증이 났을 것이다. 그런 일이 어느 정도 반복되다 보면 크고 작은 심리적 상처를 받기도 했을 것이다. 그런데 사람이 계속해서 상처를 받으며 살 수는 없는 노릇이다.

이것이 비밀이다. 무감각형에 속하는 학생들은 틀린 문제가 유발하는 심리적 상처들에 대처하기 위해서 무감각해진 것이다. 일종의 자기방어 기제가 작동한 것이라 할 수 있다. 틀린 문제들을 스스로 처리할 자신이 없기 때문에 거기에 계속해서 상처받기보다는 눈을 감아 버리는 전략을 택한 것이다. 물론 이러한 선택이 의도적으로 이루어졌다고 보기는 힘들다. 심신이 지쳐 가는 과정에서 자연스럽게 이루어진 선택인 경우가 많다.

무감각형의 가장 큰 문제는 틀린 문제들에 무감각해지는 과정에서 공부의 목적과 이유 역시 상실된다는 점이다. 자기 개선의 의지, 공부하는 이유와 목적, 자기애, 자존감. 이런 것들이 점차 사라져 간다. 학생이니까 학교에 다니고, 남들이 하는 대로 학원에 다니고, 학원에서 숙제를 내 주니까 문제를 풀고, 공부 안 하면 엄마한테 눈치 보이니까 책상에 앉아 있는 그런 생활이 매일 반복된다. 가끔씩 깊이를 알 수 없는 불안감이 찾아오고 "내가 이렇게 하는 것이 옳은 것일까?" 하는 의구심이 가슴 깊은 곳에서 솟아오르지만 불안감과 의구심을 처리할 자신이 없기 때문에 곧 다시 눈을 감아 버린다.

이러한 자기방어 심리, 상처에 눈을 감아 버리는 선택이 무감각형의 내적 원인이다. 다시 말해서 학생들의 마음속에서 일어나는 심리적 요인이다. 그러나 모든 책임을 학생들의 심리적 요인으로만 돌릴 수 없다. 내적 원인이 있다면 외적 원인도 존재한다. 외적 원인은 이미 내가 『도미노 공부법』에서 지적했던 (대개는 학원 의존적인) 실용주의 공부법, 보다 구체적으로 말해서 선행 학습과 반복적 문제 풀기 공부 방법에서 찾을 수 있다.

선행 학습과 반복적 문제 풀기 방식으로 공부를 하게 되면 필요 이상으로 많은 문제를 풀게 된다. 물론 문제를 많이 푼다는 것이 꼭 나쁜 일은 아니다. 그러나 필요 이상으로 많은 문제를 풀게 되면 결코 '깊은 공부'를 할 수 없다. 다시 말해서 '공부한 내용을 자기 것으로 만드는 절대 시간'을 가질 수 없다. 수많은 문제를 푸는 과정에서 필연적으로 적지 않은 '틀린 문제들'이 나오게 된다. 그 틀린 문제들을 처리해서 자기 것으로 만들어야 실력이 느는 것인데 그러한 시간을 갖기가 힘든 것이다. 매일매일 틀린 문제들이 나와도 앞으로 비슷한 유형의 문제들을 또 풀 것이기 때문에 그냥 "다음번에 해결하지" 하는 생각으로 넘어간다. 그러나 다음번에도 상황은 변하지 않는다. 매일매일 많은 문제를 풀지만 고질적인 '틀린 문제들'은 해결되지 않은 채 넘어가게 된다.

이 과정에서 '틀린 문제들'에 무감각해지는 것이다. 틀린 문제들은 항상 나오게 마련이고 나중에 학원 선생님이 풀어 줄 때 이해하거나 해설지를 보면서 해법을 알면 된다는 안일한 생각에 빠진다. 그러나 나중에 그런 시간이 찾아올 가능성은 매우 희박하다. 또 다른 문제의 홍수 속에서 또 다른 틀린 문제들이 양산되는 것이다. 이러한 과정이 반복되다 보면 학생들은 틀린 문제들에 대해 별다른 감흥을 느끼지 않은 채 매일 같은 일을 반복하는 생활을 하게 된다.

정리해 보자.

[무감각형]

❶ **정의** : 틀린 문제를 아무런 감흥 없이 대하는 유형

❷ **내적 원인** : 틀린 문제에 상처받지 않기 위한 자기방어 심리

❸ **외적 원인** : 선행 학습과 반복적 문제 풀기로 대표되는 실용주의 공부법

❹ **가장 큰 문제점** : 자기 개선의 의지, 공부의 목적과 이유 역시 상실된다는 점

내적 원인과 외적 원인 중 어떤 것이 더 결정적일까? 이 질문에 답하기는 쉽지 않다. 두 가지 원인이 서로 얽히면서 상승작용을 일

으킨다고 보는 것이 더 정확할 것이다. 그러나 어떤 쪽에서부터 문제를 해결하는 것이 더 적절할까라는 질문에는 정확한 답을 내릴 수 있다. 외적 원인에서부터 시작하는 것이 올바른 방법이다. 내적 원인은 사람의 마음속에 있는 것이기 때문에 드러내기도 쉽지 않고 정확하게 분석하기도 어렵다. 반면에 외적 원인은 명백하게 눈에 보이는 것이고 또 상대적으로 해결하기도 쉽다. 더 중요한 점은 외적 원인이 해결되면 그에 따라 자연스럽게 내적 원인도 해결될 수 있다는 점이다.

스트레스형

· · ·

스트레스형은 틀린 문제에 대해서 심하게 스트레스를 받는 유형이다. 틀린 문제를 접할 때 일반적으로 나타나는 자연스러운 반응은 기분이 상하거나 짜증이 나는 것이다. 특히 나름대로 열심히 공부했다고 생각했는데 틀려 버리면 짜증이 나기 마련이다. 그런데 문제는 그다음이다. 짜증이 나더라도 이내 정신을 차리고 틀린 문제에 집중하여 그것을 자기 것으로 만들어야 하는데 짜증을 참지 못하고 스트레스로 폭발해 버리는 것이 이 유형에 속하는 학생들의 특징이다. 틀린 문제에 대해서 지나치게 신경질적으로 반응하거나 풀고 있던 문제집을 던져 버리고 싶은 충동을 자주 느낀다면 이 유형에 속한다고 볼 수 있다.

틀린 문제에 지나치게 민감하게 반응하는 이유는 겉으로 드러나는 결과에 집착하기 때문이다. 수능시험과 같은 최종 시험, 아니면 적어도 중간고사나 기말고사와 같은 주요 시험에서 틀리는 것은 물론 피해야 한다. 그러나 공부하는 과정에서 나오게 되는 틀린 문제들은 앞에서 말했듯이 내 잘못을 고칠 수 있게 해 주는 '진단의 도구'다. 틀린 문제로 스트레스를 받는 학생들은 주요 시험에서 틀린 문제들뿐만 아니라 공부하는 과정에서 나오는 틀린 문제들에 대해서도 심하게 스트레스를 받는다. 공부하는 매 순간마다 결과에 집착하기 때문이다.

무감각형과 마찬가지로 스트레스형도 내적 원인과 외적 원인을 갖고 있다. 내적 원인은 결과에 지나치게 집착하는 심리다. 이러한 심리는 천성적인 것일 수도 있지만 대개의 경우 성장 환경과 깊은 관련이 있다. 성장 과정에서 주변 특히 부모의 평가가 결과에 대한 상벌 위주로 이루어졌다면 이런 심리를 가질 가능성이 높다. 예를 들어 초등학교 때 수학 문제 채점을 한 부모가 맞힌 개수에 따라 희비가 엇갈리는 반응을 보였다면 자녀는 맞고 틀리는 것에 민감한 반응을 보이게 마련이다.

이런 얘기를 들으면 속으로 뜨끔해하는 부모님들이 많을 것이다. "내가 애를 버려 놓은 것이 아닐까" 하는 우려가 들기도 할 것이다. 그러나 대한민국 교육 현실에서 애들 키우면서 이런 잘못을 범하지 않는 부모는 거의 없다고 해도 틀린 말이 아니니 너무 자책할 필요는 없다. 문제는 그다음이다. 초등학교 때는 부모의 반응이 아이가 보는 거의 전부지만 중학교, 고등학교에 올라가면서 자아가 성숙되고 스스로의 공부 과정에 대해 반성할 기회를 갖게 되면 이러한 영향에서 벗어날 기회와 힘을 얻을 수 있다.

그런데 우리의 또 다른 교육 현실이 이 기회를 빼앗아 버린다. 이 경우에도 역시 악역은 선행 학습과 반복적 문제 풀기 공부법이다. 이 공부법은 학생들이 공부 시간의 대부분을 문제 풀기에 할애하도록 만든다. 특히 학원 스케줄과 학원 숙제에 의존해서만 공부를 하게 되면 학생 스스로 공부 과정을 통제할 수 있는 기회를 놓치게 된다. 문제의 홍수 속에서 문제 풀기 위주로 공부를 하게 되면 결국 맞고 틀리는 개수가 성취도의 유일한 평가 기준이 될 수밖에 없다. 이렇게 공부하게 되면 결과에 집착하는 심리를 벗어날 수 없고 결국 틀린 문제를 접하면 스트레스를 받는 상황에서 벗어날 수 없다. 이렇게 볼 때 스트레스형의 외적 원인 역시 선행 학습과 반복적 문제 풀기 공부법이라고 볼 수 있다.

스트레스형은 결코 틀린 문제를 스승으로 삼을 수 없다. 틀린 문제를 접하면 스트레스를 받는데 어떻게 스승으로 삼을 수 있겠는가. 여러분이 이 책을 통해서 성적 향상을 기대하려면 반드시 틀린 문제를 스승으로 삼아야 하고 그러기 위해서는 틀린 문제에 대한 스트레스에서 해방되어야 한다.

[스트레스형]

❶ **정의** : 틀린 문제에 대해서 심하게 스트레스를 받는 유형

❷ **내적 원인** : 결과에 지나치게 집착하는 심리

❸ **외적 원인** : 선행 학습과 반복적 문제 풀기로 대표되는 실용주의
공부법

❹ **가장 큰 문제점** : 틀린 문제를 스승으로 삼는 데 심리적인 저항
감이 크다는 점

집중형

· · ·

집중형은 틀린 문제를 중요하게 여기고 집중하는 유형이다. 이 유형에 속하는 학생은 이미 공부를 잘하거나 장차 공부를 잘하게 될 가능성이 높다. 이 유형이 이 책에서 모범으로 삼는 유형이고 책을 읽고 있는 여러분이 지향해야 하는 유형이다. 따라서 이 유형에 대한 소개는 앞으로 책 전반에 걸쳐 이루어질 것이므로 여기서 따로 분석할 필요가 없다고 본다.

다만 한 가지 지적할 점이 있다. 틀린 문제를 중요하게 여기고 집중하는 학생이지만 이상하게 성적이 늘지 않는 경우가 있다. 만약 당신이 그렇다면 지금 시점에서는 두 가지만 기억해 두자.

첫째, 틀린 문제라고 해서 모두 다 스승이 되는 것은 아니다. 틀

린 문제 중에서도 집중해 봐야 별 도움이 안 되는 것이 있고 집중해서 되짚어 봄으로써 결정적인 도움을 얻을 수 있는 것도 있다. 나중에 여러분은 이런 틀린 문제의 종류와 특징에 대해서 알게 될 것이다.

둘째, 틀린 문제를 어떻게 활용하느냐에 따라서 결과는 천차만별로 달라질 수 있다. 틀린 문제를 중요시하는 것은 좋은데 그것을 제대로 활용하지 못한다면 별다른 성과를 내지 못할 수 있다. 앞으로 여러분은 책 전반에 걸쳐서 틀린 문제를 올바로 활용하는 방법에 대해서 배우게 될 것이다.

자, 우리의 목표는 틀린 문제에 대한 집중형 학생이 되어서 결과적으로 공부 잘하는 학생이 되는 것이다. 그러기 위해서는 반드시 틀린 문제를 스승으로 삼을 수 있어야 한다. 이제 당신은 스승님을 영접할 준비가 되었는가?

02

틀린 문제가
왜 스승인가?

스승이 되기 위한 조건

· · ·

스승이라는 말을 사전에서 찾아보면 '자기를 가르쳐 이끌어 주는 사람'이라고 나와 있다. 그냥 '가르쳐 이끌어 주는 사람'이 아니라 '자기를'이라는 표현이 들어간 이유를 생각해 보자. 스승과 제자의 관계가 고유한unique 관계라는 얘기다. 세상의 많은 사람들을 가르쳐 이끌어 주지만 나를 가르쳐 이끌어 주지 못하는 사람은 내 스승이 될 수 없다. 반면에 다른 사람들에게는 손가락질받는 사람이지만 내가 그 사람에게서 가르침을 얻을 수 있다면 그 사람은 내 스승이 될 수 있는 것이다.

틀린 문제가 스승이라고 할 때 우리가 주목해야 할 점도 바로 이

고유성uniqueness이다. 다른 사람이 자주 틀리는 문제라고 해서 꼭 나에게 가르침을 준다는 보장은 없다. 그리고 다른 사람들에게는 너무 쉬운 문제지만 내가 유독 그 문제에서 약점을 보인다면 그 문제는 나에게 가르침을 줄 수 있다. 물론 일반적으로 사람들이 많이 틀리는 문제는 나 역시 틀릴 가능성이 높다. 그렇기 때문에 흔히 문제집 등에 나와 있는 '자주 틀리는 문제'나 '오답률 상위 문제' 같은 것들을 중요하게 여기는 것은 올바른 전략이다. 그러나 그것 가지고는 부족하다. 결론을 먼저 말한다면 그것만 가지고서는 성적의 '저항선'을 뚫지 못한다. 이 저항선에 대해서는 조금 후에 자세히 설명할 것이다.

그렇다면 틀린 문제를 스승으로 활용한다는 것은 어떤 의미일까? 어떤 틀린 문제들이 스승의 조건에 부합하는 것들일까? 다시 스승과 제자 사이의 고유성으로 돌아가 보자. 스승과 제자의 관계가 고유하다는 것은 둘 사이의 독특한 상호작용을 전제로 한 것이다. 다른 사람에게는 스승이 될 수 없지만 내게는 스승이 될 수 있는 이유는 스승의 어떤 가르침에 대해서 내가 반응하고 그 반응에 의해 스승이 다시 새로운 가르침을 주는 지속적인 상호작용이 일어나기 때문이다. 스승 입장에서 생각해 보면 이러한 상호작용을 지속할 가능성이 없는 사람은 제자로 삼을 이유가 없다. 옛날이야기나 옛 위인들에 얽힌 일화 같은 것들을 보면 스승이 제자를 가려서 받고 받아들일 때도 심사숙고를 거듭하는 경우를 발견할 수 있는데 그 이유가 바로 이 점에 있다.

　이것이 핵심이다. 스승과 제자 사이의 관계는 일방적인 것이 아니다. 스승의 가르침에 제자가 고심하고 반성을 거듭한 후 그에 상응하는 반응을 보여야만 다음 가르침이 이어질 수 있다. 틀린 문제를 스승으로 삼는다는 것도 같은 맥락에서 이해될 수 있다. 틀린 문제들을 그냥 열심히 공부하는 것만으로는 스승과 제자 사이의 고유성을 확보할 수 없다. 틀린 문제들이 나타나서 내게 메시지를 주기 시작하는 순간 나 역시 거기에 반응하여 어떤 적극적 행동을 해야만 한다.

　결국 틀린 문제가 스승이 될 수 있는 가장 중요한 조건은 틀린 문제들 자체에 있는 것이 아니라 틀린 문제를 대하는 우리들의 자세에 달려 있는 것이다. 틀린 문제들에 적극적으로 반응할 때만 틀린 문제가 스승이 될 수 있다. 그렇다면 이 적극적 반응이란 구체적으로 어떤 것일까?

　먼저 틀린 문제들 하나하나를 개별적으로 취급하지 말고 일련의 틀린 문제들을 하나의 그룹으로 취급해야 한다. 통계학적으로 표현하자면 일련의 틀린 문제들을 확보하고 그것들을 하나의 '모집단'으로 간주해야 한다. 이렇게 모집단으로 간주하는 이유는 분명하다. 그 안에서 어떤 규칙성을 추출하기 위해서다. 이때 규칙성은 나의 고질적인 문제점들과 깊은 관련이 있다. 추출해야 할 규칙성의 구체적인 내용은 다음 장에서 자세히 살펴볼 것이다. 일단 여기까지 정리해 보자.

틀린 문제를 스승으로 삼기 위해서는 틀린 문제들에 대해 적극적인 반응을 해야 한다. 적극적인 반응은 다음의 세 가지를 포함한다.

❶ 일련의 틀린 문제들을 확보하여 '모집단'을 구성한다.
❷ 그 '모집단' 안에서 의미 있는 규칙성을 찾아낸다.
❸ 규칙성 안에서 자신의 고유한 문제점을 발견해 낸다.

성적의 저항선

• • •

빠른 시간 안에 성적이 급상승하는 것은 거의 모든 학생들의 소망이다. 이러한 성적 상승을 기대하는 학생들의 머릿속에는 다음과 같은 이미지가 새겨져 있을 것이다.

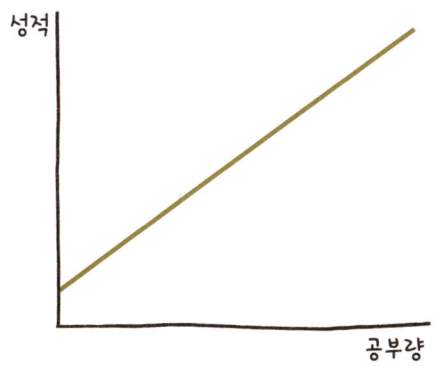

그러나 이런 그래프는 현실과 거리가 멀다. 이렇게 거침없이 성적이 상승하는 경우는 현실에 존재하지 않는다. 대개의 상승 곡선은 아래와 같은 형태를 띤다.

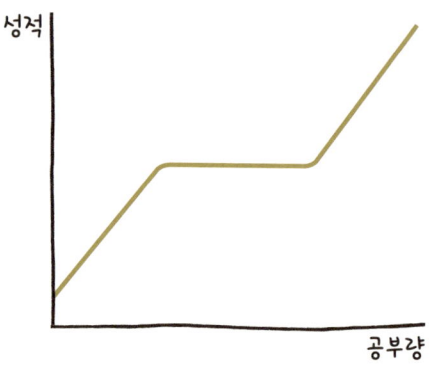

위 그림의 중간쯤에 한동안 정체되어 있는 구간을 지나는 선이 바로 저항선이다. 공부를 열심히 하지 않아서 성적이 바닥권에 있던 학생이 마음을 고쳐먹고 열심히 하게 되면 성적이 오르기 시작한다. 이때는 성적이 우상 방향으로 막힘없이 상승한다. 공부 시간이나 노력의 양에 비례하여 성적이 오르는 것이다. 공부의 노력 혹은 공부의 시간이라는 절대량이 증가함에 따라 성적이라는 절대량이 증가하는 양적인 비례관계라 볼 수 있다.

그러나 일정하게 상승하던 성적이 어느 지점에 도달하면 더 이상 상승하지 못하고 정체하게 된다. 이 정체 구간에 들어가면 공부의 시간이나 노력과 같은 양적인 요소를 늘린다고 해도 성적이 더 이상 상승하지 못한다. 양적인 비례관계가 더 이상 성립되지 않는 것이다. 여기서 필요한 것은 어떤 절대량을 늘리는 것이 아니라 '질적인 변화'다. 지금 이 순간 이 단어에 집중하기 바란다. '질적인 변화' 말이다.

열심히 공부하기로 결심한 학생들에게 찾아오는 가장 큰 위기가 바로 이 저항선을 만나는 때다. 그동안은 열심히 노력하면 그에 상응해서 어느 정도 성과가 나타났는데 어느 순간 아무리 노력해도 더 이상 성과가 나타나지 않는 현상에 직면하게 된다. 이러한 일이 일정 기간 지속되면 공부에 대한 흥미나 의욕이 점점 사라지게 된다. 사실 공부의 재미라는 것은 별 특별한 것이 아니다. 그 재미는 노력에 따라 성과가 나타나는 경험에서 비롯된다. 그런데 아무리 노력해도 성과가 나타나지 않는다면 대부분의 학생은 공부가 짜증나고 지겨워지기 시작한다.

이 위기의 순간을 어떻게 넘기느냐에 따라 공부의 최종적인 성패가 결정된다. 다음 쪽에 두 개의 그래프가 있다. 지금부터 이 두 개의 그래프를 머릿속에 각인시키고 그것이 함축하고 있는 의미를 가슴 깊이 음미하기 바란다.

왼쪽 그래프는 위기의 순간을 넘기고 다시 상승의 길로 들어선 것이고 오른쪽 그래프는 위기를 극복하지 못하여, 다시 말해서 저항선을 뚫지 못하고 거기에 굴복하여 다시 하향 곡선을 그리게 된 경우다. 자, 어떤 쪽을 선택하겠는가? 당연히 왼쪽일 것이다. 왼쪽 그래프의 길을 가기 위해서 여러분에게 필요한 것은? 바로 '질적인 변화'다.

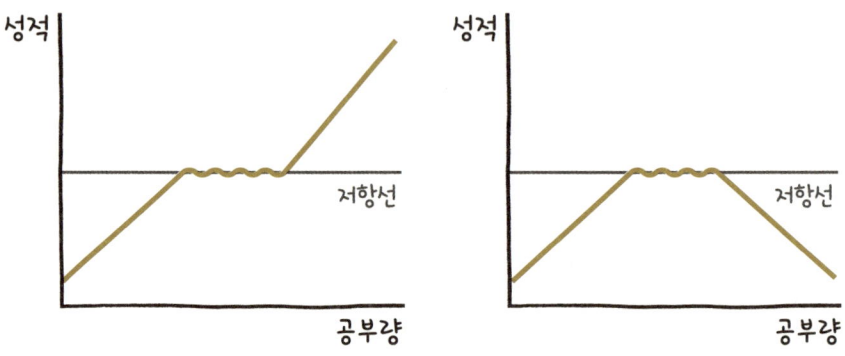

왜 저항선을 뚫지 못하는가?

• • •

이제 저항선을 뚫기 위한 질적인 변화가 무엇인지 살펴볼 차례다. 그러기 위해서는 왜 저항선을 뚫지 못하는가에 대해서 알아야 한다. 저항선을 만나기 전까지 성적 상승을 이끌어 온 것은 '공부를 열심히 하는 것'으로 통칭하는 양적인 투입량의 증가다. 이를 그림으로 표현하면 오른쪽과 같다.

이 그림은 『도미노 공부법』에서 시스템의 효율성에 관해 설명하면서 사용했던 '투입Input – 산출Output 모델'에 관한 그림이다. 여기

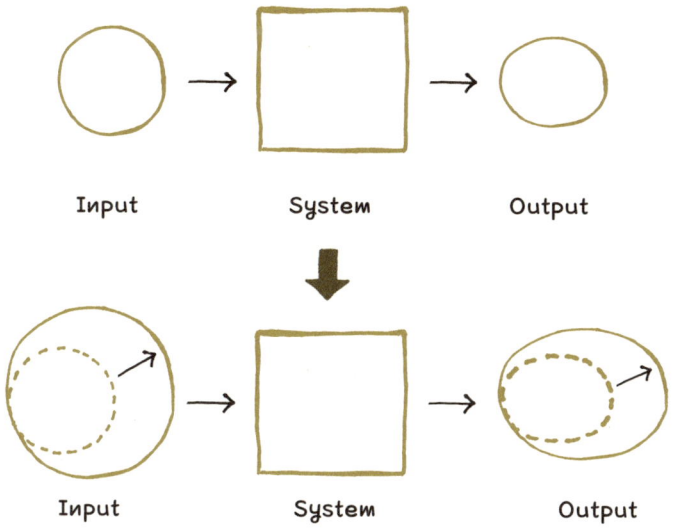

Input　　　　　System　　　　　Output

Input　　　　　System　　　　　Output

서 시스템System이란 물론 학생을 말한다. 투입이 공부에 기울이는 노력이나 시간이라는 절대량을 의미한다면 산출은 성적을 의미한다. 산출(성적)을 키우기 위해서 택하는 가장 손쉬운 방법이 바로 투입(공부의 양)을 늘리는 일이다. 시스템이 정상적으로 작동하는 한 투입이 늘어나면 그에 따라 산출도 늘어나기 마련이다. 그런데 이러한 양적 성장은 반드시 특정 지점에서 한계에 부딪히게 된다. 투입을 아무리 늘려도 더 이상 산출이 늘어나지 않는 지점에 도달하게 된다. 이 한계점이 앞에서 말한 '저항선'으로 나타난다.

　한계점, 혹은 저항선에 직면한 여러분이 해야 할 일은 무엇일까? 지금까지 주목하지 않았던 '시스템'에 주목하는 일이다. 지금까지 여러분은 투입과 산출의 관계에 대해서만 신경을 써 온 것이다. 그

둘 사이에 존재하는 시스템에 대해서는 별로 신경 쓰지 않았다. 앞에서 말한 '질적인 변화'는 바로 이 시스템 내부에서 일어나는 일이다. 보다 구체적으로 말한다면 시스템의 효율성이 높아져야 한다. 투입량을 늘려서 산출량을 늘리는 것이 아니라 같은 투입량 아래서 더 많은 산출량을 이끌어 내기 위해서 시스템, 다시 말해서 학생 내부에서 질적인 변화를 만들어 내야 하는 것이다.

지금까지 내가 한 얘기는 가만히 생각해 보면 너무나 당연한 얘기다. 그것이 공부의 영역이 아니라 다른 영역이었다면 누구나 쉽게 투입량의 증가 다음에 시스템의 효율성에 대해서 생각해 보았을 것이다. 그러나 공부의 영역에 들어오면 이러한 합리적인 판단이 잘 이루어지지 않는다. 시스템의 효율성에 대해서 생각해 본다는 것은 학생의 공부 습관과 공부 방법에 대해서 생각해 본다는 것, 앞서 내가 표현한 바에 따르면 학생 스스로 자신의 공부 습관과 방법에 대해서 '진단'하는 것에서 시작된다. 하지만 우리의 공부 현실을 돌이켜 보면 선행 학습과 반복적 문제 풀기의 물량 공세에 포위되어 있는 학생들이 자기 진단을 할 수 있는 시간적 기회를 갖기 힘들다.

그래서 저항선에 부딪히면 대개 더 열심히 공부하는 단순한 방법에 의존하다가 그것도 안 되면 학원을 옮긴다든가 과외 선생님을 바꾼다든가 하는 방법을 택하게 된다. 이런 방법들은 원인을 외부에서 찾는다는 점에서 다를 바가 없다. 이런 방법으로는 결코 저항선을 뚫지 못한다. 물론 학원을 옮기거나 과외 선생님을 바꾸어서 저항선을 뚫는 경우도 가끔 발견할 수 있다. 그러나 이러한 결과는 학원을 옮기거나 과외 선생님을 바꾼 것 자체에서 비롯된 것이 아니다. 옮긴 학원이나 바뀐 과외 선생님이 학생 내부에서 질적인 변화를 이끌어 낼 수 있도록 도움을 주었기 때문이다. 이런 변화를 이끌어 낸 학원이나 과외 선생님은 믿을 만하다고 볼 수 있다. 그러나 여러분도 알다시피 현실에서 그런 학원이나 과외 선생님을 만날 가능성은 그리 높지 않다.

저항선을 뚫기 위해서는 외부적 요인에 의존하려는 생각을 버려야 한다. 저항선을 뚫기 위한 질적인 변화는 반드시 여러분 안에서 이루어져야 한다. 여러분 스스로의 공부 습관과 방법에 대해서 진단하고 그 안에 어떤 고질적인 문제점들이 있는지 발견해야 한다. 오직 여러분 내부의 질적인 변화만이 저항선을 뚫고 고점을 향해 나아가는 상승 곡선을 보장해 줄 수 있다.

지금까지 나는 투입－산출 모델을 통해 저항선을 뚫기 위해 필요한 질적인 변화에 대해서 설명했다. 이 투입－산출 모델과 관련해서 마지막으로 하고 싶은 말이 있다. 그것은 투입량을 늘려도 산출량이 증가하지 않는 한계점에 도달한 후 더 큰 문제를 겪을 수 있다는 사실이다. 성적이 상승하지 않는다고 무리하게 투입량만 늘리다 보면 단지 성적이 더 이상 상승하지 않는다는 것에 그치지 않고 시스템이 망가져 버리는 결과에 이를 수 있다. 이렇게 되면 정말 회복하기 힘든 지경에 빠질 수 있다. 공부 스트레스로 심신이 지쳐서 공부에 대한 흥미와 의욕을 잃게 되고 급기야 공부를 포기하는 사태까지 야기할 수 있다. 저항선을 뚫지 못하고 하강 곡선을 그리게 되는 그래프(34쪽의 오른쪽 그래프)가 바로 이런 학생들에 해당한다고 볼 수 있다. 이런 길은 반드시 피해야 한다.

스승의 도움으로 뚫고 올라가자

• • •

틀린 문제가 스승이라는 이 책의 기본 명제는 성적의 저항선과 관련해서 가장 명확한 의미를 얻게 된다. 저항선을 뚫기 위해서 필요한 질적인 변화는 반드시 학생 본인에 대한 자기 진단을 필요로 하고 이 자기 진단에서 가장 결정적인 역할을 하는 것이 바로 틀린 문제들이기 때문이다. 제자가 난관에 봉착할 때 그 난관을 극복하도록 도와주는 것이 스승의 가장 중요한 역할이라고 볼 때, 저항선을 만났을 때 저항선을 뚫을 수 있도록 해 주는 틀린 문제가 스승의 의미에 전적으로 부합한다고 볼 수 있다.

저항선을 뚫고 올라간다는 말과 관련해서 약간의 세부적인 설명이 필요하다. 공부를 하다가 저항선을 만나게 되는 것은 거의 모든 학생이 겪는 일반적인 현상이지만 저항선의 성격은 학생들마다 다를 수 있다. 그렇기 때문에 저항선의 질적인 특성들을 하나하나 살펴보는 일은 이 책의 범위를 넘어서는 일이다. 여기서는 보다 단순한 문제, 즉 저항선의 개수에 대해서만 알아보기로 하겠다. 다음 그림을 보자.

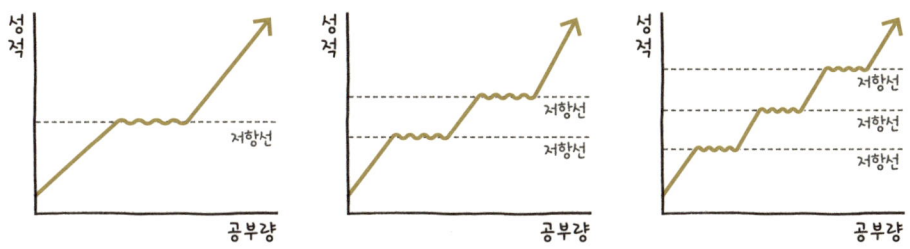

제일 왼쪽의 그림은 저항선 한 개, 가운데는 저항선 두 개, 오른쪽은 저항선 세 개를 포함하고 있다. 이 그림을 보면 먼저 저항선의 개수가 적을수록 좋다는 생각이 떠오른다. 그러나 생각처럼 그렇게 단순하지 않다. 각각 일장일단이 있다. 저항선이 하나 있다는 것은 그 저항선이 그만큼 강력하다는 얘기고 따라서 그것을 뚫고 올라가기가 쉽지 않다는 말이다. 그래서 성공하지 못하면 큰 좌절에 빠질 수 있다. 그러나 한 번 뚫는 데 성공한다면 성적의 급상승을 기대할 수 있다. 반면에 저항선이 세 개 있다는 것은 저항의 세기가 그리 크지 않지만 단계적으로 하나씩 극복해 가야 한다는 것을 의미한다. 두 개는 둘 사이의 중간 정도가 될 것이다.

여러분이 만나게 될 저항선이 어떤 쪽에 속할지는 일률적으로 단정할 수 없다. 사람마다 다를 것이고 또 과목마다 다를 것이다. 커다란 저항선 하나를 뚫고 올라가서 고점 부근에서 작은 저항선 여러 개를 만날 수도 있다. 대개의 경우 커다란 저항선은 중간 정도에 위치하고 작은 저항선은 고점 부근에 위치하는 경향이 있다. 지금 성적이 중간 이하인 학생은 커다란 저항선을 뚫어야 하고 상위권에 위치해 있지만 최상위권으로 치고 올라가지 못하는 학생은 작은 저항선을 한두 개 뚫어야 한다고 보면 될 것이다.

　어떤 경우든 한 가지는 분명하다. 스승님(틀린 문제)의 도움을 받아서 저항선을 뚫어야 한다는 점 말이다. 그런데 앞서 얘기했듯이 주의할 점이 하나 있다. 스승의 도움을 받는다는 것은 일방적인 것이 아니다. 스승의 가르침에 적극적으로 반응할 자세가 되어 있어야 한다. 스승과의 적극적 상호작용, 다시 말해 틀린 문제를 적극적으로 활용하려는 자세가 없다면 결코 저항선을 뚫을 수 없다.

03 틀리는 이유

틀리는 이유들

. . .

틀린 문제가 스승이 되기 위해서는 틀린 문제들에 적극적으로 반응해야 한다고 했다. 이때 '적극적 반응'이란 틀린 문제들을 분석하여 그 안에서 어떤 규칙성을 찾아내는 것으로 요약할 수 있다. 그런데 이렇게 규칙성을 찾아내기 위해서는 틀린 문제들을 어떤 기준에 따라 분류할 수 있어야 한다. 다시 말해서 틀린 문제들을 유형화하고 스스로 어떤 유형에 약점이 있는지를 파악해야 한다는 것이다.

사실 틀리는 이유들을 세세하게 분석한다면 무궁무진한 이유들이 있을 것이다. 사람마다 다를 것이고 과목마다 또 다를 것이다.

그리고 같은 과목에서도 단원의 특성에 따라 또 달라질 것이다. 이 중에서 빈도수가 높고 그래서 대부분의 학생들에게 의미가 있는 것을 추리면 다음 네 가지로 정리할 수 있다.

❶ 문제 파악 실패
❷ 지식의 부족
❸ 유형에 대한 맹신
❹ 사고의 매너리즘

이제 이 유형들 각각에 대해서 상세하게 살펴보자. 다음으로 넘어가기 전에 한 가지만 지적해 두겠다. 당연한 얘기겠지만 틀리는 이유 중에서 '공부를 열심히 안 해서' 틀리는 것은 제외했다. 다시 말해서 위에서 제시한 네 가지 이유들은 '공부를 열심히 한 학생'을 전제로 한 것이다. 공부를 안 해서 틀리는 경우는 이 책의 범위를 넘어선다. 그것은 공부의 방법론에 관한 문제가 아니라 '공부하는 이유'를 찾는 일과 관련된다. 어떻게 보면 그것이 더 중요한 문제지만 이 책에서는 일단 논외로 칠 것이다. 이 책의 관심사는 일차적으로 공부를 열심히 하는데 성적이 잘 오르지 않는 학생들에게 있기 때문이다.

문제를 잘못 읽는다?

· · ·

시험을 치르고 난 후 채점을 하면서 자신의 머리를 쥐어박으며 "아, 문제 잘못 읽어서 틀렸네. 이런 바보!"라고 자책해 본 경험이 없는 사람은 아마 없을 것이다. 현재 학교에 다니고 있는 학생은 물론이고 오래전에 학교를 졸업해서 시험을 치러 본 기억이 아득한 학부모 중에서도 이런 실수를 생생하게 기억하는 분들이 많을 것이다. 이런 기억이 생생하게 남아 있는 이유는 '문제를 잘못 읽어서 틀리는 일'이 참 억울하기 때문이다.

학생 입장에서 이보다 억울한 일은 없다. 열심히 공부했는데 문제를 잘못 읽어서 틀리다니 말이다. 게다가 문제가 묻고자 하는 내용을 잘 숙지하고 있어서 만약 문제를 잘못 읽지 않았다면 반드시 맞힐 수 있었기 때문에 억울함은 배가된다. 어떤 경우는 심리적 허탈감이 너무 커서 다른 과목 시험까지 망치기도 한다. 자신에 대한 자책으로 몇 시간, 또 며칠이나 괴로울 때도 있다. 그러나 그것이 전부다. 자책으로 끝이다. 문제를 잘못 읽어서 틀리는 문제의 맹점은 여기 있다. 결코 자책 이상으로 나아가지 않는다는 점 말이다.

다소 과장되게 말하면 문제를 잘못 읽어서 틀린 한 문제 때문에 여러분의 인생이 달라질 수 있다. 학교 시험이라면 한 문제 때문에 등급이 달라질 수 있고 수능 시험에서 그런 실수를 저질렀다면 그로 인해 당락이 바뀔 수도 있는 것이다. 만약 문제를 잘못 읽는 경우가 우연적으로 한두 번 일어나는 것이 아니라 적지 않은 빈도수로 발생한다면 그 영향은 더 치명적일 것이다. 문제를 잘못 읽어서 틀리는 경우가 많다면 한번 가만히 앉아서 분석해 보기 바란다. 중간고사나 기말고사에서 문제를 잘못 읽어서 틀린 문제들을 모두 맞혔다면 결과가 어떻게 달라지는가 말이다. 인생이 달라진다는 말이 크게 과장된 말이 아님을 실감할 수 있을 것이다.

이렇게 문제를 잘못 읽어서 틀리는 것이 매우 치명적인 문제점임에도 불구하고 그에 대한 자책 이외에 다른 대책을 세우지 못하는 이유는 무엇일까? 이유는 분명하다. 문제를 잘못 읽는 것이 '실수'라고 생각하기 때문이다. 그러나 이것은 엄청난 착각이다. 이 착각에서 벗어나지 못하면 아무리 노력해도 공부 잘하는 학생이 될 수 없다. 이 책에서 다른 것은 놓쳐도 결코 이 사실을 놓치면 안 된다. 문제를 잘못 읽는 것은 실수가 아니라 명백한 '실력'이다. 이 분명한 사실을 더 이상 외면하지 말기 바란다.

이렇게 분명한 사실을 외면하는 이유는 자신의 초라한 성적이 실력의 부족 때문이 아니라 순간적인 실수라고 치부해 버리면 조금 더 마음이 편하기 때문일 것이다. 이러한 자기애를 이해하지 못하는 바는 아니다. 그러나 이 자기애는 아무런 영양가가 없다. 약간 심하게 표현하면 이러한 자기애는 일종의 자기기만으로서 올바른 자기애라고 볼 수 없다. 올바른 자기애는 자신의 부족한 부분을 정확히 파악하고 그것을 고쳐 나가서 발전을 도모하는 데 있는 것이다. 문제를 잘못 읽어서 틀리는 일이 명백한 실력 부족에서 비롯되는 일임을 인정할 때 진정한 자기애가 실현될 수 있다.

문제를 잘못 읽는다는 것은 여러 가지 문제점을 그 안에 포함하고 있다. 따라서 문제를 잘못 읽는 현상을 세심하게 분석하면 그 안에서 자신의 고질적인 문제점들을 파악할 수 있다. 문제를 잘못 읽는 일을 포함해서 흔히 '실수'라고 치부하는 현상들에 대한 상세한 분석은 2부에서 만날 수 있을 것이다. 지금은 일단 다음의 문장을 가슴 깊이 새겨 두기 바란다.

문제를 잘못 읽는 것은 실수가 아니라 실력이다.

충분한 공부, 부족한 지식

• • •

'충분한 공부, 부족한 지식'이라는 소제목은 틀리는 이유 중 두 번째 이유를 드러낸다. 그런데 이 말은 그 안에 모순적인 내용을 담고 있다. 공부를 충분히 했다면 지식이 풍부해야 하는데 지식이 부족하다니 말이다. 논리적으로 볼 때 모순되게 보이는 이 현상이 실제 현실에서는 빈번하게 발생한다. 왜 이런 일이 벌어질까? 공부를 충분히 했는데도 지식의 부족으로 틀리는 이유는 무엇일까?

그 이유를 밝히기 위해서는 먼저 '지식'에 대한 정확한 규정이 필요하다. 현 시대는 정보가 넘쳐 나는 시대다. 인터넷과 모바일 네트워크 환경을 통해 우리는 끊임없이 새로운 정보를 접하고 있다. 그럼에도 불구하고 다수의 학자들은 우리 시대의 '지식의 빈곤'에 대해서 우려를 표하고 있다. 인터넷과 모바일 기기의 발달로 인해 세상은 정보로 넘쳐 나고 있지만 사람들의 머릿속에 지식이 얼마나 형성되어 있느냐고 묻는다면 인터넷이 발달하기 전보다 더 빈약하다고 말할 수밖에 없다. 지식이 정보와 동일한 것이라면 이런 상황은 일어나면 안 된다. 그러나 누구나 손쉽게 원하는 정보를 얻을 수 있는 세상이 도래했기 때문에 오히려 사람들의 지식 수준이 빈약해지고 있다는 역설적 상황이 지금 우리가 겪고 있는 세상이다. 이 역설적 상황이 지식과 정보의 관계에 대해서 중요한 점을 알려 주고 있다. 지식에 관해서 가장 중요한 사실은 그것이 단순한 '정보'와 구별되어야 한다는 점이다.

물론 지식은 정보와 무관하지 않다. 아니, 지식은 정보를 내용으로 삼고 있어야 한다. 그렇지만 지식과 정보를 구별하는 결정적인 한 가지가 있다. 그것은 바로 '생각'이다. 지식은 정보들을 내용으로 삼아 '생각'한 것이 정리된 것이다. 말하자면 정보라는 '조각'들을 생각으로 이어 주어야 지식이 되는 것이다. 이렇게 정보들을 이어 주는 생각의 역할이 빠져 버린다면 아무리 정보를 많이 가지고 있어도 지식 수준이 빈약해진다. 현재의 지식 수준이 예전에 비해 빈약한 이유는 바로 '생각'의 역할이 점점 축소되고 있기 때문이다.

우리의 주제로 돌아와 보자. 공부를 충분히 했음에도 지식이 부족하게 되는 모순적 상황의 비밀은 바로 여기에 있다. 이런 상황에 빠지게 된 학생들은 지식을 쌓는 방식으로 공부한 것이 아니라 정보를 암기하는 방식으로 공부했던 것이다. 주어진 정보들을 '지식'으로 꿰어 주는 '생각'이 빠져 있었던 것이다. 그렇기 때문에 머릿속에 억지로 우겨 넣은 정보의 양은 많지만 정작 그 정보들이 시험장에서 힘을 발휘하지 못한 것이다.

공부한 내용이 시험장에서 힘을 발휘하기 위해서는 그것들이 머릿속에서 정보의 조각들로 흩어져 있으면 안 되고 지식으로 정리되어 있어야 한다. 그리고 지식으로 정리하는 데 있어서는 정보의 조각들을 이어 주는 '생각'의 역할이 결정적이다. 결국 결론은 '생각의 힘'으로 귀결된다. 물론 정보의 조각들을 '생각'으로 이어서 지식으로 만드는 일은 그리 쉬운 일은 아니다. 효과적인 방법을 익히고 훈련하는 일이 필요하다. 그 구체적인 방법들에 관해서는 뒤에서 자세히 다룰 것이다. 여기서는 다만 한 가지만 지적해 두겠다. 그것은 바로 '반성적 사고'다.

살아가면서 우리 주변의 사람들을 관찰해 보면 어떤 사람들은 현재 상태에서 점차 발전해 나가지만 어떤 사람들은 정체되어 있거나 심지어 시간이 갈수록 퇴보하기도 한다. 이 둘을 가르는 결정적인 차이점이 무엇일까? 나는 바로 '반성적 사고'의 유무라고 본다. 반성적 사고라고 해서 거창하게 생각할 필요가 없다. 아주 단순하게 표현하면 '무엇이 문제였던가 혹은 무엇이 성공의 요인이었던가 되짚어 보는 생각'이 바로 반성적 사고다. 어떤 사람이든 단지 되짚어 생각해 보는 것만으로도 자기 발전을 이룰 수 있는 것이다.

공부도 마찬가지다. 공부의 영역에서 가장 필요한 사고는 거창한 논리적 사고나 창의적 사고 같은 것이 아니다. 그것은 바로 반성적 사고, 간단히 말해서 '되짚어 생각해 보는 것'이다. 앞서 정보와 지식의 관계에서 말한 '생각의 힘'도 반성적 사고가 가장 기본이다. 열심히 공부한 후 잠깐이라도 짬을 내서 지금까지 공부한 내용을 반성해 보는 것, 다시 말해 되짚어 생각해 보는 것이 바로 정보들을 지식으로 꿰어 주는 '생각의 힘'이 되는 것이다.

유형에 대한 맹신

• • •

문제를 유형별로 분류해서 공부하는 것은 공부의 방법 중에서 아주 효율이 높은 방법이다. 유형별로 분류해서 공부하는 방법의 장점은 특정 유형을 숙지하게 되면 그 유형에 속하는 문제들을 아주 쉽게 해결할 수 있다는 것이다. 특정 유형을 숙지한다는 것은 그 유형이 속한 문제들의 논리와 기본 구조를 이해하고 그 문제의 전형적인 해법을 정확하게 이해하고 있다는 것을 말한다. 따라서 그 유형을 정확하게 숙지했다면 시험에서 그 유형의 문제가 나왔을 때 빠른 시간에 쉽게 해결할 수 있다. 정답을 맞힐 수 있다는 것도 중요하지만 빠른 시간에 해결할 수 있다는 점이 더 중요하다. 그 문제를 빠른 시간에 해결할 수 있다는 것은 다른 문제들에 할애할 시간을 그만큼 벌 수 있다는 것을 의미하기 때문이다.

그런데 여기서 우리가 반드시 주목해야 할 부분이 있다. '특정 유형을 숙지하게 되면'이라는 조건이 바로 그것이다. 유형을 분류해서 공부하는 방법의 장점이 제대로 발휘되려면 그 유형을 '숙지하고' 있어야 한다. 이 숙지한다는 것의 의미에 대해서 앞에서 언급한 바 있지만 보다 자세하게 분석해 볼 필요가 있다.

특정 유형을 숙지한다는 것은

❶ 그 유형에 속하는 문제들의 논리와 기본 구조를 이해하고
❷ 그 문제의 전형적인 해법을 정확하게 이해하고 있다는 것

을 말한다. 이렇게 분석해 보니 그동안 '숙지하고 있었다'고 생각했던 점에 대해 조금 의문이 들 것이다. 먼저 첫 번째 조건을 보자. 그 유형에 속하는 문제들의 '논리와 기본 구조를 이해'하고 있어야 한다고 했다. 그동안 우리가 어떤 문제 유형들에 익숙하다고 생각해 온 것이 무엇인지 한번 반성해 보자. 대개의 경우 그 문제들의 '전형적인 표현'에 익숙해지는 일이라고 생각했을 것이다. 유형이라

는 말 자체가 어떤 형식적인 특성과 관련된 것이기에 그 유형에 해당하는 전형적인 표현이라는 것이 존재하기 마련이다. 그렇기 때문에 전형적인 표현에 익숙해지는 일은 꼭 필요하다고 볼 수 있다.

그러나 표현은 어디까지나 표현일 뿐이다. 내용이 아니라 형식이라는 얘기다. 중요한 것은 그 형식적 표현 속에 어떤 내용들(나는 이를 '문제의 논리와 기본 구조'라고 표현했다)이 들어 있는지를 파악하는 것이다. 아니, 더 정확하게 말해서 그 내용들을 정확하게 파악해야 왜 그런 형식으로 표현되었는지를 올바로 이해할 수 있다. 한마디로 말해서 '내용이 형식을 결정'하는 것이다. 이 말이 의미하는 바는 분명하다. 내용을 제대로 이해하지 못하고 형식적 표현에만 집중하는 것은 함정에 빠질 위험에 노출되어 있다는 것을 의미한다. 그래서 '가끔' 등장하는 함정에 여지없이 빠져 버리는 것이다.

여기서 '가끔'이라는 표현을 사용한 이유는 이런 함정이 그리 자주 나타나는 것이 아니기 때문이다. 대부분의 경우 형식적 표현에 따라 문제의 유형을 판단하고 그 유형의 해법에 따라 문제를 해결할 수 있다. 열 중 아홉은 이런 방식으로 해결할 수 있다. 그러나 열 중 하나에 해당하는 특수한 문제, 즉 형식적 표현에 따를 때 특정 유형에 속하는 것처럼 보이지만 그 내용은 전혀 다른 종류인 문제에서 희비가 갈린다. 열 중 아홉에 해당하는 전형적인 문제들은 나뿐만 아니라 다른 사람들도 쉽게 해결할 수 있다. 그래서 이런 문제들은 대세에 별다른 영향을 주지 못한다. 공부 잘하는 학생과 그렇지 못한 학생을 가르는 지점은 바로 이 열 중 하나에 해당하는 특수한 문제를 해결할 수 있느냐 여부에 달려 있다고 할 수 있다.

이제 두 번째 조건을 보자. 특정 유형의 문제들을 숙지하고 있다는 것은 그 문제의 전형적인 해법을 정확하게 이해하고 있다는 것을 뜻한다. 이 조건에 이의를 달 사람은 별로 없을 것이다. 그러나 한 걸음 더 나아가 보자. '전형적인 해법'이 있다는 얘기는 '전형적이지 않은 해법'도 있을 수 있다는 얘기다. 전형적인 해법을 정확하게 이해한 사람은 전형적인 해법이 적용되지 않을 수 있다는 점을 이해하고 전형적인 해법이 적용되지 않는 경우를 판별해 낼 수 있다.

그러나 전형적인 해법을 단지 암기하고 반복적으로 문제 풀기 연습만 한 사람은 전형적인 해법이 적용되는 경우와 그렇지 않은 경우를 구별할 수 없다. 그래서 쉽게 풀릴 줄 알았는데 막상 전형적인 해법으로 풀리지 않는 문제를 시험장에서 만나게 되면 "어, 이 문제가 왜 안 풀리지?" 하면서 전전긍긍하게 된다. 결국 그 문제에 아까운 시간을 낭비해서 시험을 망치는 일도 생긴다. 여기서도 우리는 첫 번째 조건의 경우와 동일한 결론을 이끌어 낼 수 있다. 전형적인 해법의 논리와 기본 구조를 이해하지 않고 그저 형식적 표현만 암기했다면 언제든지 함정에 빠질 수 있다고 말이다.

지금까지 틀리는 이유 중 세 번째 이유, '유형에 대한 맹신'에 대해서 살펴보았다. 지금까지 논의를 토대로 '유형에 대한 맹신'이라는 말을 좀 더 정확하게 규정한다면 바로 '유형의 형식적 표현에 대한 맹신'이 된다. 유형별로 분류해서 유형에 익숙해지는 공부방법은 우리에게 많은 이점을 안겨 주지만 형식적 표현에만 집착하면 결정적인 순간에 치명적인 잘못을 범할 수 있다. 그러나 유형의 논리와 기본 구조를 이해하는 공부를 하게 되면 결정적인 순간에 '공부 잘하는 학생'이 될 수 있는 기회를 놓치지 않게 될 것이다.

사고의 매너리즘

· · ·

인간은 생각하는 동물이다. 그래서 우리는 살아가면서 거의 매 순간 '생각'이라는 것을 하게 된다. 특정한 상황을 접하면 그 상황을 파악하기 위해 관찰하고 그 관찰을 토대로 말과 행동을 결정한다. 그 말과 행동에 대해 타인이 반응하면 그에 대해서 다시 생각하고 대응 방안을 결정한 후 다시 말과 행동을 통해 반응한다. 이 모든 과정에서 우리는 끊임없이 '생각'을 한다.

그런데 이 과정을 가만히 분석해 보면 '생각'이라는 것의 대부분이 스스로 생각한 것이 아니라는 점을 발견하게 된다. 과거에서 현재에 이르기까지 수많은 사람들이 이미 생각해 놓은 것들, 그래서 이미 일반적으로 옳다고 인정되는 수많은 생각들에 근거해서 나의 생각을 결정하는 경우가 많다. 이렇게 이미 옳다고 인정되고 있는 일반적인 생각들을 진리, 상식, 통념 등등의 말들로 부른다.

이렇게 볼 때 우리가 살면서 하는 수많은 생각들 중 오로지 나 자신만의 생각이라는 것은 거의 없다고 해도 과언이 아니다. 사람마다 처하고 있는 상황은 천차만별이지만 그 상황에서 문제를 해결하기 위해 하는 사고의 과정들 대부분은 이미 검증된 다른 사람들의 생각에 의존하는 경우가 많다. 사실 세상에서 일어나는 모든 일에 관해서 이미 검증된 다른 사람들의 생각 없이 혼자서 생각을 전개해 나간다는 것은 불가능한 일이다.

이렇게 우리는 다른 사람들의 생각에 의존해서 내 생각을 확립하고 삶에서 접하는 여러 문제를 해결해 나간다. 이러한 생활이 지속되면서 특정한 상황에 적합한 특정한 사고의 패턴들이 정형화되기도 한다. 예를 들어 여자친구가 "내가 더 이뻐, 김태희가 더 이뻐?"라고 질문했을 때 "솔직하게 답하면 큰일 난다"라는 생각을 확립하게 되기도 한다. 이렇게 정형화된 생각의 패턴들을 잘 익히고 그에 맞추어 살아가면 큰 어려움 없이 삶을 영위할 수 있다.

그러나 가끔 그러한 정형화된 사고의 패턴들이 '배신'을 하는 경우가 있다. 새로 사귄 여자친구에게 "네가 김태희보다 더 이뻐"라고 달콤한 말을 했는데 돌아오는 것은 경멸에 찬 눈초리와 차가운 냉소인 경우 말이다. 이 새 여자친구는 보통의 여자들과 달리 사탕발림의 말을 하는 남자를 경멸하는 사람이었던 것이다. 지금까지 옳다고 믿어 왔던 정형화된 사고의 패턴이 깨지는 순간이다. 이 남자친구는 정형화된 사고의 패턴에 따라 행동을 결정하기 전에 먼저 상대방의 성격과 취향을 파악했어야 했다.

상황의 특수성을 감안하지 않고 그냥 정형화된 사고의 패턴에 따라 행동했을 때 낭패를 보는 경우는 그 사고의 패턴이 상황에 맞지 않기 때문이다. 그런데도 정형화된 사고의 패턴을 고집하게 되면 이 사고의 패턴은 진리나 상식이 아니라 하나의 '선입견'이나 '편견'으로 작용하게 된다. 우리 주변에서 편견에 사로잡힌 사람들을 곧잘 볼 수 있는데 그런 사람들의 특징은 상황의 특수성을 무시하고 자기가 옳다고 믿는 사고의 패턴을 고집한다는 점이다.

지금까지 설명한 얘기는 공부에도 그대로 들어맞는다. 우리는 새로운 지식을 공부할 때 이미 옳다고 알고 있는 선지식의 틀 안에서 그것을 수용한다. 그리고 시험문제를 풀 때도 그 문제와 직간접적으로 관련되어 있는 선지식에 의존하는 경우가 많다. 어떤 경우는 선지식이 작용하고 있다는 것을 의식하고 있지만 또 어떤 경우는 그러한 선지식이 작용하고 있다는 사실조차 의식하지 못한다. 어떤 경우든 가장 중요한 사실은 선지식이 대개의 경우 도움을 주지만 특정한 상황에서는 옳지 못한 선입견으로 작용하여 판단을 그르치게 만들 수 있다는 점이다.

여기서 '사고의 매너리즘'이라는 제목으로 말하고자 하는 바도 바로 이것이다. 공부를 하거나 시험문제를 풀 때 잘못된 선입견으로 잘못된 판단을 하는 경우 말이다. 앞에서 살펴본 '유형에 대한 맹신'도 '사고의 매너리즘'의 한 특수한 경우에 해당한다고 볼 수 있다. '유형'이라는 것이 '정형화된 사고의 패턴'의 한 종류라고 볼 수 있기 때문에 상황의 특수성에 상관없이 무조건 그에 따라 문제를 풀게 되면 함정에 빠질 수 있는 것이다. 어쨌든 '유형에 대한 맹신'은 앞에서 살펴보았기에 여기서는 그보다 더 넓은 의미의 사고의 매너리즘에 대해서 알아보도록 하자.

사고의 매너리즘, 다시 말해서 잘못된 판단을 일으키는 선입견은 크게 두 가지로 나눌 수 있다. 하나는 선입견을 의식하고 있는 경우고 다른 하나는 선입견이 작용하고 있다는 점조차 의식하지 못하는 경우다. 선입견을 의식하고 있는 경우에 해당되는 대표적인 것이 바로 '유형에 대한 맹신'이다. 꼭 유형이 아니더라도 공부하면서 중요하다고 생각해 두었던 주요 개념이나 원리를 지나치게 확대 적용하는 경우, 그래서 그 개념이나 원리에 들어맞지 않는 문제도 그것들을 적용해서 해결하려 하는 경우가 이에 해당된다.

여기서 우리가 특히 주목해야 할 것은 그 잘못된 선입견이 작용하고 있다는 사실조차 알지 못하는 경우다. 선입견이 작용하고 있었다는 사실을 알지 못하기 때문에 틀리고 나서도 왜 틀렸는지 이유를 명확히 밝히기 힘들다. 이렇게 선입견이 작용하고 있었다는 사실조차 몰랐기 때문에 선입견에 주목할 수 있기만 하면, 더 나아가 잘못된 판단에 이르게 한 선입견을 발견해 낼 수만 있다면 그 성과는 매우 크다. 선입견을 성공적으로 발견해 내지 못한다고 해도 그러한 선입견을 찾아내려 시도하는 것 자체가 우리의 사고 작용을 보다 명료하고 분명하게 만들어 주는 효과를 가져다준다.

　의식하지 못하는 선입견이 어떠한 것인지 예를 하나 들어 보겠다. 다음 문제를 보자. 이 문제는 『도미노 공부법』에서도 사용한 문제인데 '선입견'의 작동 방식을 보여 주는 가장 단순하지만 강력한 문제기에 다시 한 번 제시한다. 스스로 답을 먼저 생각해 보고 다음 쪽을 넘겨 주시기 바란다.

문제

다음 도형의 각 꼭짓점을 지나면서 꼭짓점을 포함하는 변에 그을 수 있는 수선(일정한 직선이나 평면과 직각을 이루는 직선)의 개수는 몇 개인가요?

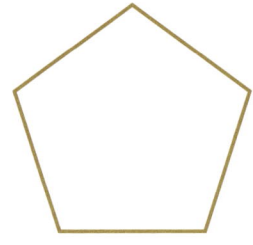

정답은 열 개다. 만약 당신이 정답을 다섯 개라고 생각했다면 선
입견에 사로잡혀 있다는 증거가 된다. 정답을 다섯 개로 생각한 사
람은 다음과 같은 그림을 생각했을 것이다.

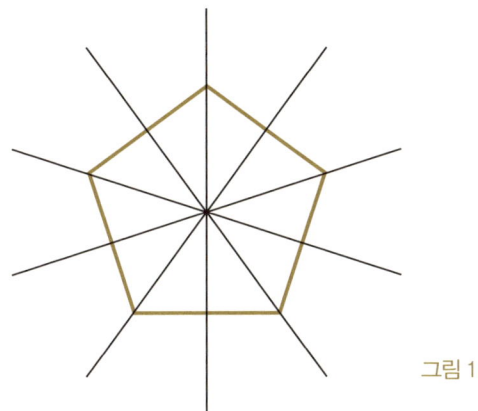

그림 1

정답을 맞힌 사람, 즉 수선이 열 개라고 생각한 사람은 다음과
같은 그림을 생각했을 것이다.

그림 2

이 두 그림의 차이는 어디에 있을까? 문제를 읽을 때 어떤 부분을 잘못 읽었기 때문에 〈그림 2〉가 아니라 〈그림 1〉을 생각한 것일까? 자, 문제를 다시 한 번 살펴보자.

다음 도형의 각 꼭짓점을 지나면서 꼭짓점을 포함하는 변에 그을 수 있는 수선의 개수는 몇 개인가?

위 문제의 구성 요소를 분해해 보자.

❶ 다음 도형의 각 꼭짓점을 지나면서
❷ 꼭짓점을 포함하는 변에
❸ 그을 수 있는 수선의 개수

이렇게 분해해 보니 어디에 문제가 있었는지 발견할 수 있을 것이다. 바로 ②번에서 문제가 생긴 것이다. 분명히 '꼭짓점을 포함하는 변에' 그을 수 있는 수선을 묻고 있는데 '꼭짓점이 마주보고 있는 변에' 수선을 그은 것이다. 왜 이런 일이 일어났을까? 분명하게 표현되어 있는 '꼭짓점을 포함하는 변에'라는 어구보다 '꼭짓점을 지나는 수선'을 생각하면 떠오르는 〈그림3〉과 같은 이미지가 더 강하게 작용했기 때문이다.

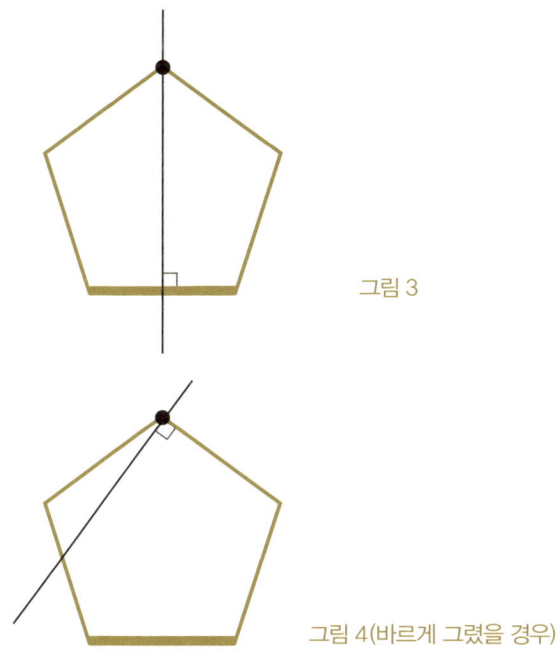

그림 3

그림 4(바르게 그렸을 경우)

　여기서 우리는 잘못된 선입견의 첫 번째 작동 방식을 알 수 있다. 그것은 문제에서 요구하는 조건에 주목하지 않고 어떤 개념을 떠올리면 연상되는 이미지나 관념에 따라 문제를 해결하려 하는 것이다. 이렇게 작동하는 선입견은 정확한 독해를 가로막으며 결국 오답에 이르게 만든다.

　이제 두 번째 작동 방식을 알아보자. 역시 다음 문제를 먼저 풀어 보기 바란다.

펜을 종이에서 떼지 말고 네 개의 직선을 그려서 다음 아홉 개의 점을 모두 관통시켜 보세요.

이 문제는 참 재미있는 문제다. 초등학생들에게 물어보든지 성인들에게 물어보든지 결과에 별 차이가 없다. 성인이라고 해서 초등학생들보다 답을 찾는 비율이 월등히 높지 않다는 얘기다. 그리고 문제의 답을 발견하는 사람은 몇 초 지나지 않아 답을 찾을 수 있고, 그렇지 못한 사람은 10분이 지나도 답을 찾지 못한다. 왜 그럴까? 이 문제의 답을 찾지 못하는 사람은 '스스로 사고의 한계를 설정하고 있기' 때문이다. 자세히 살펴보자. 이 문제에서 설정한 제약 조건은 다음의 두 가지다.

- 네 개의 직선을 사용하라.

- 네 개의 직선이 서로 연결되도록 하라(펜을 떼지 말고 그리라는 말의 의

  미가 이것이다).

이 두 가지 외에 다른 제약 조건은 없다. 그런데 이 문제를 풀지 못하는 사람은 다음과 같은 제약 조건을 스스로 설정하고 있는 것이다.

- 아홉 개의 점이 점유하고 있는 공간을 직선이 벗어나지 말도록 하라.

그렇다. 이 제약 조건을 스스로 설정한 상태에서는 절대로 답을 찾을 수 없다. 문제에는 표현되어 있지 않지만, 마치 문제에 이런 제약 조건이 있는 것처럼 생각하는 사람이 의외로 많다. 여기서 '스스로 설정한 사고의 한계'가 바로 앞에서 내가 말한 잘못된 선입견의 한 형태라고 볼 수 있다. 여기서 알 수 있는 선입견의 두 번째 작동방식은 문제에서 제시되고 있는 조건 이외에 스스로 사고의 한계를 제한하는 다른 조건을 설정하는 것이다. 그로 인해 문제를 해결하는 방향으로 사고가 나아가지 못하고 문제의 해결과 상관없는 영역에서 사고가 맴돌게 된다.

이 문제에 대한 답은 다음과 같다.

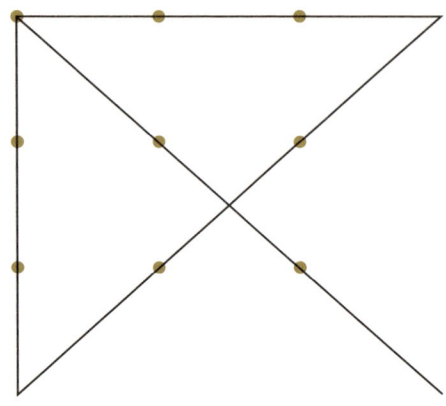

　이상에서 우리는 틀린 문제의 네 가지 유형에 대해서 살펴보았다. 지금까지의 설명이 다소 추상적인 면이 있다는 점은 인정한다. 그래서 앞으로 여러분의 공부 내용과 관련된 문제들을 통해서 더 구체화시킬 것이다. 지금 여러분이 기억해야 할 것은 앞으로 공부하면서 접하게 될 수많은 틀린 문제들을 네 가지 유형 중 하나로 분류하려 노력해야 한다는 점이다. 물론 특정 유형으로 쉽게 분류할 수 없는 문제들도 접하게 될 것이다. 그러나 틀린 문제들을 이렇게 분류하려고 노력하는 사고의 과정에서 스스로에 대해서 그동안 알지 못했던 많은 것들을 깨닫게 될 것이다. 그것이 가장 중요하다.

04 공부 잘하기 위한 조건들

공부 잘하기 위한 단 하나의 조건

. . .

제목이 도발적이다. 공부 잘하기 위한 '단 하나의 조건'이라니 말이다. 그런 것이 정말 있고 그래서 그 단 하나의 조건을 충족시키지 않고서는 결코 공부를 잘할 수 없다는 얘기다. 세상에 어떤 공부법 책도 공부 잘하기 위한 단 하나의 조건을 제시하는 책은 없었을 것이다. 그러나 나는 이 책에서 그 단 하나의 조건을 제시하고자 한다. 그것은 바로

공부한 내용을 자기 것으로 만드는 절대 시간을 확보하라.

는 것이다. 듣고 보니 "겨우 그거야?"라는 생각이 드는 사람도 있을 것이고 "그래, 바로 그거야"라는 생각이 드는 사람도 있을 것이다. 이 두 가지 극단적인 반응 속에 이 조건의 특성이 담겨 있다. 이 조건은 공부에 관해서 진지하게 생각해 본 사람이라면 누구나 어렵지 않게 생각해 낼 수 있는 것이면서, 동시에 현실에서 그 조건을 달성하는 일이 그렇게 쉽지 않은 것이기도 하다. 가만히 생각해 보면 공부한 내용을 자기 것으로 만들지 않고서는 결코 공부를 잘할 수 없다는 점을 인정할 수밖에 없으면서도, 현실에서 선행 학습과 학원 숙제에 치이다 보면 그런 시간을 확보하는 일은 어느덧 안중에서 사라지게 된다.

그러나 주변을 한번 돌아보라. 당신 주변에 존재하는 모든 '공부 잘하는 학생'은 바로 이 '자기 것으로 만드는 절대 시간'을 어떤 식으로든 확보한 사람이다. 학원을 다니며 공부를 하든 자기 주도 학습을 하든 그건 중요한 것이 아니다. 중요한 것은 남이 떠먹여 주는 것을 그저 받아먹는 것이 아니라 스스로의 힘으로 그것을 소화할 절대 시간을 확보하는 일이다. 이것이 공부 잘하기 위한 '단 하나의 조건'이다.

여러분이 공부에 관한 모든 고민, 모든 의문, 그리고 모든 방법론의 홍수 속에서 갈피를 못 잡고 있다면 그 모든 것을 일시적으로나마 떨쳐 버리고 지금 이 순간 이 한마디에 집중하기 바란다.

이 책 전체를 통틀어서 이보다 더 중요한 말은 없다. 그리고 내

입에서 나올 수 있는 공부법에 관한 모든 얘기 중에서도 이보다 더 중요한 말은 없다. 그러니 이 책을 읽고 있는 여러분, 공부가 고민인 모든 학생들, 그리고 그러한 학생을 자녀로 둔 모든 학부모 여러분, 부디 이 한마디에 집중해 주기 바란다. '공부한 내용을 자기 것으로 만드는 절대 시간' 말이다.

만약 당신이 하루에 수학 문제를 50개씩 풀고 있다면 30문제로 줄이고 남은 시간을 '공부한 내용을 자기 것으로 만드는 절대 시간'으로 확보하라. 만약 당신이 일주일에 6일 동안 학원을 다니고 있다면 4일로 줄이고 남은 시간을 '공부한 내용을 자기 것으로 만드는 절대 시간'으로 확보하라. 만약 당신이 하루에 네 시간씩 인터넷 강의를 듣고 있다면 세 시간으로 줄이고 남은 시간을 '공부한 내용을 자기 것으로 만드는 절대 시간'으로 확보하라. 이렇게 일주일, 한 달이 지나면 여러분 내부에서 스스로를 변화시키는 분명한 힘을 경험할 수 있을 것이다.

이제 이 단 하나의 조건이 얼마나 중요한지는 충분히 이해될 것이다. 그런데 한 가지 주의해야 할 것이 있다. 이 조건은 '필요조건'이지 '충분조건'이 아니라는 것이다. 다시 말해서 공부 잘하기 위해서는 반드시 이 조건을 확보해야 하지만 이 조건을 확보한다고 해서 저절로 공부 잘하는 학생이 될 수는 없다는 얘기다. 그 확보된 절대 시간을 어떻게 사용하느냐에 따라서 '공부 잘하는 학생'이 될 수도 있고 안 될 수도 있다. 이제 절대 시간을 활용하는 방법에 대해서 알아볼 차례다.

깊은 공부의 세 가지 조건

· · ·

절대 시간의 활용 방법에 관해 결론부터 말하자면 '절대 시간'
을 '깊은 공부'를 하는 데 사용해야 공부 잘하는 학생이 될 수 있다.
'깊은 공부'는 '얕은 공부'에 대비되는 개념이다.(이에 관한 상세한 설명
이 궁금한 사람은 『도미노 공부법』을 참조하기 바란다.) 여기서는 '깊은 공부
의 세 가지 조건'은 절대 시간을 활용하는 지침이 되어야 한다.

깊은 공부는 말 그대로 '깊게' 공부하는 것이다. 이렇게 깊게 공
부해야만 공부한 내용을 자기 것으로 만들 수 있다. 깊은 공부가
이루어지기 위해서는 다음의 세 가지 조건이 충족되어야 한다.

❶ 자기 자신을 진단하라.
❷ 생각의 흐름에 집중하라.
❸ 성공의 경험을 축적하라.

출발점은 자기 자신에 대한 진단이다. 스스로를 진단하지 않고
서는 결코 깊은 공부의 세계로 들어갈 수 없다. 자기 자신을 진단
하지 않고 공부를 하는 학생은 자신이 색맹인지도 모르고 화가를

꿈꾸는 사람과 다를 바 없다. 자신의 달리기 실력이 어느 정도인지도 모르고 도루왕을 꿈꾸는 야구 선수와 같다. 수전증에 시달리면서 외과 의사를 꿈꾸는 사람과 다를 바 없다. 이 모든 비유는 결코 과장이 아니다. 공부를 잘하고 싶은데 자기 자신을 진단하지 않는 학생은 뻔히 보이는 실패를 향해 나아가는 셈이다.

앞서 나는 지식과 정보를 구분하는 것이 바로 '생각의 힘'이라고 말했다. 공부를 한다는 것은 정보를 암기하는 것이 아니라 지식을 획득하여 축적하는 작업이다. 따라서 모든 종류의 공부는 최종적으로 일련의 생각의 흐름으로 끝맺어야 한다. 공부한 내용이 자신의 생각으로 꿰어져야 자신의 것이 될 수 있다. 공부한 내용을 자기 것으로 만드는 핵심은 바로 이 생각의 흐름이다. 어떤 과목도 생각의 흐름으로 정리되지 않는다면 자신의 것이 될 수 없다.

마지막으로 깊은 공부가 자신의 공부 습관으로 자리 잡기 위해서는 반드시 '성공의 경험'을 축적해야 한다. 어떤 순간 일시적으로 깊은 공부의 경험을 맛볼 수는 있지만 그것이 습관으로 정착되지 않는다면 언제든지 얕은 공부의 공격에 무너질 수 있다. 깊은 공부를 습관으로 정착시키기 위해서는 실용주의적 공부와 나태함의 공격에 무너지지 않는 심리적인 동력을 확보해야 한다. 이 심리적인 동력은 바로 '성공의 경험'에서 나온다. 처음부터 거창한 성공이 필요한 것은 아니다. 작은 것이라도 매일매일 성공의 경험을 축적해나간다면 깊은 공부가 나 자신의 몸에 착 달라붙어 평생 나를 지켜

줄 수 있을 것이다.

깊은 공부에서 틀린 문제의 역할

• • •

이제 다시 이 책의 주제인 '틀린 문제'로 돌아와 보자. 지금까지 나는 공부를 잘하기 위한 단 하나의 필요조건인 '공부한 내용을 자기 것으로 만드는 절대 시간'을 제시했고 그 절대 시간을 활용하는 지침이 되는 깊은 공부의 세 가지 조건에 대해서 설명했다. 바로 이 지점에서 '틀린 문제'의 역할이 다시 부각된다.

자기 자신을 진단하는 가장 효과적인 도구가 틀린 문제라는 점은 이미 앞에서 여러 차례 지적했다. 틀린 문제는 나의 결함을 드러내 주는 가장 중요한 지표고 그 지표를 분석함으로써 나의 결함을 정확하게 인지할 수 있기 때문이다. 자주 틀리는 문제의 유형을 알게 됨으로써 내 결함의 특성에 대해서도 알 수 있고, 따라서 진단의 도구로서 틀린 문제는 최적의 도구라고 볼 수 있다.

'생각의 흐름에 집중하라'는 조건과 관련해서도 틀린 문제의 역할이 두드러진다. 내가 어떤 문제에서 오답을 골랐다면 그 오답에 이르는 생각의 흐름이 있을 것이다. 그리고 내가 선택하지 못한 정답에 이르는 생각의 흐름도 있을 것이다. 이 두 가지 생각의 흐름을 비교하는 것이 바로 내 생각의 흐름을 바로잡는 가장 효과적인 방법이 된다. 이 생각의 흐름을 비교하는 것이 2부에서 설명하게 될 오답노트 작성법의 기본 원리다. 이에 관해서는 2부에서 자세히 살펴보겠다. 어쨌든 틀린 문제를 활용하는 구체적인 방법론 중에서 가장 핵심적인 것이 바로 생각의 흐름을 비교하는 일이라는 점을 기억해 두자.

마지막으로 '성공의 경험을 축적하라'는 조건 역시 틀린 문제와 깊은 관련이 있다. 성공의 경험이 가장 극적인 것으로 부각되는 시점은 실패를 경험한 후 똑같은 곳에서 성공을 성취해 냈을 경우다. 틀린 문제는 바로 이러한 경험을 가져다준다. 어떤 문제에서 틀렸다는 것은 실패를 의미하는 것이지만, 그 실패를 되짚어 보고 거기서 성공의 실마리를 찾아내는 일은 짜릿한 쾌감을 가져다준다. 이렇게 실패를 극복하고 성공을 성취하는 경험들이 축적되면 공부에 대한 강력한 자신감을 얻을 수 있다. 심리적인 측면에서 이러한 자신감에서 비롯되는 성과는 당신의 상상을 초월하게 될 것이다.

지금까지 틀린 문제가 공부를 잘하기 위한 수단으로서 어떤 의미와 역할을 지니고 있는지 알아보았다. 이제 2부에서는 틀린 문제를 활용하는 구체적인 방법들에 대해서 알아볼 것이다.

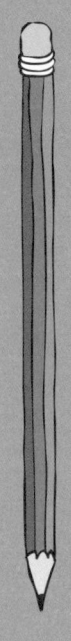

Part 2
틀린 문제에 대한
궁극의 무기, 오답노트

05

실수도
실력이다

가장 먼저 해야 할 일

· · ·

틀린 문제를 활용해서 가장 먼저 해야 할 일은 무엇일까? 바로 실수를 바로잡는 일이다. 여러분이 가장 적은 노력으로 가장 커다란 성과를 달성할 수 있는 일이 바로 실수를 바로잡는 일이다. 기본기가 부족하거나 문제해결 능력이 부족한 것을 바로잡기 위해서는 많은 노력과 오랜 시간이 필요한 일이지만 실수를 바로잡는 일은 약간의 관심과 노력을 통해 가능하기 때문이다.

그러나 이건 원칙적으로 그렇다는 얘기다. 원칙적으로 옳은 일이라고 해서 실제로 사람들이 그 원칙을 따르는 것은 아니다. 실수를 바로잡는 일이 노력 대비 가장 효과적인 일임에도 불구하고 많은 사람들이 실수를 바로잡으려 하지 않는다. 실수는 실수일 뿐이니까 별 문제가 아니라고 생각한다. 그리고 다음번에 또 같은 실수를 반복한다. 가만히 생각해 보면 참 어리석은 일이지만 이것이 실수를 대하는 일반적인 태도다.

앞서 말했지만 이러한 태도 뒤에는 자기 위안의 심리가 자리 잡고 있다. 실력이 부족해서 틀렸다는 것을 인정하는 것보다는 실수라고 생각해 버리는 것이 마음이 더 편하기 때문이다. '지금은 실수로 틀렸지만 내가 정신만 바짝 차리면 언제든지 맞힐 수 있다'라고 생각하는 것이 부족한 실력을 인정하는 것보다 더 자기 위안이 되기 때문이다. 그러나 이러한 자기 위안의 대가가 너무 크다는 점을 직시해 보기 바란다. 성적을 올리는 길 중에서 가장 효과적인 길을 스스로 포기하는 것이다.

이 책은 틀린 문제가 스승이 되는 방법을 다루고 있다. 그 여러 가지 방법 중에서 여러분이 가장 먼저 해야 할 일이 바로 '실수를 바로잡는 일'이다. 이것이 시작이다. 일단 여기서 성과를 낼 수 있어야 한다. 여기서 성과를 내지 못한다면 다른 방법들에서 성과를 내는 것은 더 어려운 일이 될 것이다. 지금은 일단 다른 것들은 잊자. 여러분이 저지르는 크고 작은 실수들. 거기서부터 시작해 보자.

실수가 실력이라는 증거

• • •

실수 역시 실력이라는 것이 이 책의 기본 입장이다. 아마 여러분도 그런 얘기는 여기저기서 들어 봤을 것이다. 그런데 그 얘기들을 듣고 막연하게 그럴듯한 얘기라고만 여겼지, 그에 대해서 깊이 생각해 본 적은 별로 없을 것이다. 이제 한번 깊게 생각해 보자. 왜 실수를 실력이라고 할까?

나는 여기서 그 증거를 제시하고자 한다. 여러분도 다 알고 있는 사실일 테니까 '증거'라고 부르는 것이 좀 거창한 일이라고 생각될 수도 있다. 그러나 그 다 알고 있는 사실들도 우리가 어떻게 받아들이냐에 따라서 전혀 다른 의미로 다가올 수 있다. 나는 여기서 두 가지 사실을 증거로 제시할 것이다.

첫째, 공부 잘하는 학생이 공부를 그리 잘하지 못하는 학생에 비해 '실수'를 현저하게 덜 한다는 사실이다. 다른 말로 하면 실력이 뛰어난 학생일수록 실수를 덜 한다는 것이다. 이것이 의미하는 바는 실수가 바로 실력을 가늠하는 지표가 될 수 있다는 얘기다. 그렇기 때문에 실수가 실력이라는 말을 할 수 있는 것이다. 이것이 첫 번째 증거다.

물론 이에 대해서 반론을 제기할 수 있다. "내 친구는 반에서 1등하는 친구인데, 저번 시험에서 틀린 문제가 대부분 실수로 틀렸다고 하던데요?"라는 식으로 말이다. 그러나 가만히 생각해 보자. 그

친구가 틀린 문제 중 대부분이 실수로 틀렸다는 사실이 그 친구가 다른 학생들에 비해 실수를 덜 한다는 사실에 대한 반론이 될 수 있는지 말이다. 그 친구가 워낙 실력이 뛰어나기 때문에 대부분의 문제들은 실력으로 맞혔고 오직 틀리는 경우는 '실수'일 뿐이라는 얘기다. 그 친구는 다른 사람들이 실수로 틀릴 문제를 다 맞혔다는 점을 주목해야 한다.

둘째, 실력이 뛰어난 학생이라도 시험 대비 공부를 충분히 하지 않았다면 충분히 한 경우에 비해서 훨씬 더 실수를 많이 한다는 사실이다. 사실, 실력이 뛰어나든 그렇지 않든 마찬가지다. 시험에 대한 대비를 철저히 할수록 시험장에서 실수를 덜하게 된다. 이에 대해서는 이 책을 읽고 있는 학생 대부분이 실제로 경험했을 것이다. 시험 대비를 제대로 하지 못하고 들어간 시험장에서 실수를 연발해서 시험을 망친 경험 한두 번쯤은 대부분 갖고 있을 것이다.

이 두 번째 증거 역시 실수가 실력이라는 사실을 뒷받침해 준다. 같은 사람일지라도 시험 대비 공부를 충분히 해서 실력을 쌓은 경우와 그렇지 않은 경우에 실수의 빈도수에 차이가 난다는 얘기는 실수가 바로 실력을 가늠하게 하는 지표라는 근거다.

결국 실수가 실력이라는 얘기는 실력의 부족이 '실수'를 통해 드러난다는 의미로 이해할 수 있다. 그렇기 때문에 학생 입장에서 볼 때 실수는 실력의 부족을 깨닫고 그것을 극복하라는 하나의 경고 메시지로 받아들일 수 있다. '틀린 문제가 스승이다'라는 명제에 아주 잘 들어맞는 셈이다.

가장 먼저 주목해야 할 실수

• • •

실수가 실력의 부족에 대한 경고 메시지라고 이해하면 실수를
어떻게 취급해야 하는지에 대해 분명한 지침을 얻을 수 있다. 실수
를 잘 분석해서 그 안에 어떤 '실력의 부족'이 있는지 발견하고 그
것을 고쳐 나가면 된다. 그런데 여기에 한 가지 문제가 있다. '실력
의 부족'이라는 말이 너무나 광범위하고 추상적이기 때문에 실수
안에 담겨 있는 실력의 부족을 분석하는 일은 너무나 엄청난 일이
될 수 있다.

1부에서 우리는 틀린 문제의 네 가지 종류에 대해서 알아보았다.
문제를 잘못 읽어서 틀리는 경우, 지식이 부족해서 틀리는 경우, 유
형을 맹신해서 틀리는 경우 그리고 마지막으로 사고의 매너리즘에
빠져서 틀리는 경우 말이다. 그런데 문제는 이 각각의 경우가 모두
'실수'로 귀결될 수 있다는 점이다. 지식이 부족해서 실수할 수 있
고 유형을 맹신해서 실수할 수 있으며 또 사고의 매너리즘에 빠져
서 실수할 수 있다. 이 모든 경우를 '실수'로 간주하고 대책을 마련
하다 보면 결국 모든 것이 '실수'로 귀결될 수밖에 없다.

그래서 여기서는 '문제를 잘못 읽는 경우'만 '실수로 틀린 문제'

로 간주하고 나머지 경우는 해당 유형의 틀린 문제로 취급할 것이다. 예를 들어 사고의 매너리즘에 빠져서 실수를 했다고 해도 그것을 실수의 범주로 취급하기보다는 사고의 매너리즘이라는 범주로 취급하는 것이 더 적절하다는 얘기다. 반면에 문제를 잘못 읽는 실수는 하나의 독립적인 문제로 취급하여 따로 대책을 마련하는 것이 더 효과적이라 할 수 있다. 그래서 여기서는 일단 '문제를 잘못 읽는 실수'에 국한해서 대책을 논의해 보자.

문제를 잘못 읽는 실수의 종류

• • •

문제를 잘못 읽는 이유는 여러 가지가 있겠지만 그 현상에 주목해서 종류를 나누어 보면 다음 세 가지로 구분해 볼 수 있다.

❶ 말 그대로 문장이나 단어의 뜻을 잘못 이해한 경우
❷ 문제에 담겨 있는 조건을 보지 못하거나 착각하는 경우
❸ 선입견이나 다른 생각에 사로잡혀서 문제를 읽은 경우

첫 번째 실수는 비교적 간단한 문제로 보인다. 가장 전형적이며 단순한 실수를 예로 들어 보면 "옳지 않은 것은?"이라는 표현을 "옳은 것은?"이라고 착각해서 답을 고르는 경우다. 이런 실수는 누

구나 한두 번쯤 겪었을 것이라 생각된다. 이런 실수를 저지르고 나면 자기 자신이 한심하고 어이가 없어서 말문이 막힌다. 만약 그 한 문제 때문에 등급이 달라졌다면 머리를 쥐어뜯고 싶을 것이다. 그러나 그것이 전부다. 자책과 원망이 전부다. 그 어이없는 실수에 대해서 진지하게 대책을 강구해 볼 생각을 하지 않는다.

앞서 말했듯이 가장 적은 노력으로 가장 큰 성과를 볼 수 있는 것이 바로 이런 종류의 실수에 대해서 대책을 마련하는 일이다. 실수를 그냥 실수로 치부하지 말고 그것을 고치기 위한 '목적 의식적인 노력'을 기울이기만 하면 분명히 좋은 결과를 얻을 수 있다. 그렇다면 이렇게 목적 의식적인 노력이라는 것은 무엇을 말하는 것일까?

문제를 잘못 읽는다는 것, 다시 말해서 문제나 선택지에 표현된 문장이나 단어의 뜻을 제대로 파악하지 못하는 실수는 어떤 '심리적 요인' 때문에 집중력이 제대로 작동하지 않았기 때문이다. 이 심리적 요인은 대개 불안감이나 초조함 같은 것인데, 사람마다 그 불안감과 초조함의 이유가 다를 수 있다. 그래서 먼저 해야 할 일은 문제를 올바로 이해하지 못하게 만드는 나만의 심리적 요인이 무엇인지 생각해 보는 일이다. 시험지를 앞에 두었을 때 나를 불안하게 만드는 요인이 무엇인지 파악해야 한다.

물론 이것이 잘 파악되지 않는 경우도 있다. 그리고 파악된다고 해서 곧바로 그 심리적 요인이 극복된다고 장담할 수도 없다. 그럼에도 이것을 파악하려고 노력하는 일 자체가 심리적 안정감을 주는 데 도움을 줄 수도 있고 또 다행히 원인이 무엇인지 파악할 수 있다면 그 원인을 없애는 시도를 할 수 있다. 그 시도가 성공할 수도 있고 실패할 수도 있지만 시도 자체는 분명히 의미 있는 일이다.

이렇게 심리적 요인이 사람마다 다를 수 있다고 했지만 사실 내가 볼 때 시험장에서 심리적으로 불안한 이유 중 가장 일반적인 것은 바로 '시험공부를 제대로 하지 못해서'다. 여기에 어떤 외적인 요인이 덧붙여지면 불안감이 증폭된다. 예를 들어 어머니한테 이번 수학시험에서 90점 이상을 받겠다고 약속했는데, 시험이 임박해서 내가 그 점수를 받을 만큼 준비가 안 되었다는 것을 깨달았다고 해 보자. 당연히 불안감과 초조함에 시달리게 된다. 이런 심리를 안고 시험지를 받아 들면 '문제를 잘못 읽는 실수'를 하게 되는 것이다.

아마 앞에서 자신만의 '심리적 요인'을 발견해 보라는 말을 듣고 스스로에 대해서 생각해 본 사람들 중 많은 수가 이 결론, 즉 시험지를 받아 들고 불안감에 사로잡히는 가장 큰 이유가 시험 준비를 제대로 하지 않아서라는 결론에 도달할 것이다. 이제 불안감의 원인을 알았다. 그러나 그 원인을 제거하기는 어려운 일이다. 문제를 잘못 읽는 실수를 극복하기 위해서 '시험공부를 제대로 하자'는 결론을 내리는 것은 무언가 앞뒤가 바뀐 느낌이다. 만약 시험공부를 제대로 할 수 있다면 그건 단지 문제를 잘못 읽는 실수를 극복하는 데서 그치는 것이 아니라 궁극적으로 시험을 잘 보게 될 것이다. 그게 안 되기 때문에 여러분은 지금 이 책을 읽고 있는 것이 아니던가.

이제 여러분은 문제를 잘못 읽는 실수의 원인이 불안감이고 그 불안감의 원인을 알았지만 그 원인을 제거하기가 힘든 상황에 처해 있다. 여기서 여러분이 선택할 수 있는 방법은 무엇일까? 그것은 바로 '실수를 범하지 않는 습관'을 들이는 일이다. 내가 이 장에서 여러분에게 제공하는 실천적인 지침이 바로 이것이다. 이에 대해서는 조금 있다가 더 자세히 알아보도록 하자.

두 번째 실수는 출제자의 의도를 파악하는 일과 깊은 관련이 있다. 문제의 뜻을 정확히 이해했다고 하더라도 출제자의 의도를 제대로 파악하지 못하면 문제 안에 담겨져 있는 결정적인 조건을 보지 못하거나 오해하는 경우가 생길 수 있다. 출제자 입장에서 문제를 출제한다는 것은 공부를 제대로 한 학생은 정답을 맞히고 그렇지 못한 학생은 틀리게 문제를 구성하는 것을 의미한다. 이 목적을 달성하기 위해 출제자는 종종 '함정'을 사용한다. 이 함정은 공부를 제대로 한 학생에게는 작동하지 않지만 그렇지 못한 학생에게는 제대로 작동하여 문제를 틀리게 만든다.

함정을 사용하는 방법은 매우 다양하지만 여기서는 일단 문제에 담긴 '조건'을 이용하는 함정에 주목해 보겠다. 이 경우가 바로 문제를 잘못 읽는 실수를 유발하는 함정이기 때문이다. 다음 수학 문제를 한번 보자(이 문제는 『도미노 공부법』에서도 예제로 사용한 문제라서 그 책을 읽은 사람은 이미 접해 봤을 것이다. 중복된 문제기 때문에 여기서 상세한 해설은 생략하겠다. 상세한 해설이 없어도 고등학교 1학년 정도의 학생이라면 이 문제는 쉽게 풀 것이다).

문제

과자 공장에서 두 종류의 과자 A, B 를 상자 단위로 생산한다. 오른쪽 표

	A	B
P(kg)	2	2
Q(kg)	3	1
이익(만 원)	3	2

는 이 제품 한 상자를 생산하는 데 필요한 원료 P, Q의 양과 이익을 나타낸 것이다. 하루에 사용할 수 있는 원료 P의 양이 12kg, 원료 Q의 양이 15kg일 때, 예상되는 하루 최대 이익은?

① $\frac{27}{2}$ ② 14   ③ 15   ④ 16   ⑤ $\frac{33}{2}$

이 문제는 고등학교 1학년 과정의 함수 문제인데, 중학교 수준에서도 이해하는 데 큰 무리는 없다. x를 A과자의 생산량, y를 B과

자의 생산량이라고 놓고 표에서 두 개의 1차 함수를 도출하고 그 래프를 그리면 답을 쉽게 찾을 수 있다. 그렇게 풀면 두 함수의 교점$(\frac{9}{2}, \frac{3}{2})$에서 이익이 최대가 되기 때문에 이 값을 함수에 대입하여 얻은 값이 바로 ⑤번이 된다. 그러나 답은 ⑤번이 아니다. 문제 속에 담긴 조건 하나가 정답이 ⑤번이 될 수 없게 만들고 있다. 그 것이 무엇일까? 아직 발견하지 못한 사람은 더 나가기 전에 다시 문제로 돌아가서 그 '조건'을 발견하기 바란다.

그렇다. '상자 단위로 생산한다'는 조건이 그것이다. 이를 수학적 인 용어로 표현하면 답은 '자연수'여야만 한다는 뜻이다. 이 조건을 보지 못하고 기초적인 함수 문제로만 생각해 일사천리로 풀어 버리면 오답인 ⑤번을 답으로 고르도록 고안된 문제다. 실제 정답은 $(\frac{9}{2}, \frac{3}{2})$보다 작으면서 거기에 가장 가까운 자연수인 (4, 2)를 대입 해서 구한 16이 답이다. 즉 정답은 ⑤번이 아니라 ④번이다.

자, 여러분은 이 '상자 단위로 생산한다'는 표현에 주목할 수 있었는가? 그것이 이 문제가 요구하는 주요한 조건이고 출제자는 이 조건을 문제 속에 은근슬쩍 집어넣음으로써 그 점을 간파하지 못한 사람에게 함정을 파 놓았던 것이다. 이 예를 통해 여러분은 두 번째 실수가 무엇인지 잘 파악할 수 있을 것이다. 문제 속에 담겨 있는 특정한 조건이 어떤 사람의 눈에는 들어오고 어떤 사람의 눈에는 들어오지 않는다. 혹은 어떤 사람에게는 올바로 파악되고 어떤 사람에게는 잘못 파악된다. 여러분은 어느 쪽이 되고 싶은가?

당연히 조건을 올바로 파악하는 사람이 되고 싶을 것이다. 그런 데 이 두 번째 실수는 단순히 문제의 뜻을 잘못 파악하는 첫 번째 실수보다 더 세심한 주의를 요한다. 그리고 많은 경우에 해당 과목에 대한 상당한 공부가 선행되어야 그 조건을 제대로 파악할 수 있다. 그럼에도 두 번째 실수 역시 '실수를 범하지 않는 습관'을 들이는 훈련을 통해 충분히 극복할 수 있다.

마지막으로 선입견이나 다른 생각에 빠져서 문제를 잘못 읽는 실수에 대해서 알아보자. 이 유형의 실수에 대한 전형적인 예를 이미 앞 장에서 살펴본 바 있다. 바로 56쪽에 나오는 정오각형의 수선 개수 찾는 문제가 그것이다. 여기서 수선을 다섯 개라고 생각한 사람은 '수선'이라는 말을 접하면 떠오르는 선입견에 사로잡혀 있기 때문에 문제를 잘못 읽은 것이다.

선입견에 사로잡혀 오답을 고르는 것은 넓은 의미에서 볼 때 '사고의 매너리즘에 빠져서 문제를 틀리는 경우'에 해당된다. 이렇게 되면 내가 1부에서 분류한 틀린 문제의 네 번째 유형에 해당된다. 그러나 여기서는 선입견에 사로잡혀 '문제를 잘못 읽는 경우'만을 취급하고 있기 때문에 문제를 잘못 읽는 실수로 분류하는 것이 실용적으로 더 의미가 있다고 본다.

이 세 번째 유형인 문제를 잘못 읽는 실수 역시 실수를 범하지 않는 습관을 통해 극복할 수 있다. 결국 여기서 설명한, 문제를 잘못 읽는 실수는 그 이유는 다르지만 대처 방법이라는 측면에서 보면 모두 '실수를 범하지 않는 습관'을 통해 극복할 수 있다는 결론에 도달했다. 이제 이것이 무엇인지 살펴볼 차례다.

실수를 범하지 않는 습관
• • •

문제를 잘못 읽는 실수를 극복하는 길은 당연히 문제를 제대로 읽는 습관을 들이는 것이다. 그런데 문제를 잘못 읽는 실수를 범하는 사람치고 문제를 제대로 읽으려고 노력 안 해 본 사람이 없을 것이다. 그럼에도 그런 노력이 결실을 맺지 못하는 이유는 두 가지가 결여되어 있기 때문이다. 한 가지는 '문제를 제대로 읽는' 방법을 잘못 알고 있기 때문이다. 그리고 다른 한 가지는 그 노력을 '습관'으로 만들지 못했기 때문이다. 결국 필요한 것은

❶ 문제를 제대로 읽는 올바른 방법
❷ 그 방법을 습관화하는 일

이 두 가지다. 하나하나 살펴보자.

문제를 잘못 읽는 실수를 범하는 사람이 그 실수를 극복하기 위해서 제일 처음 하는 생각은 '정신 바짝 차리고' 문제를 읽겠다는 생각일 것이다. 그래서 그 방법으로 선택하는 것이 문제를 읽으면

서 중요한 단어나 어구에 밑줄을 그어 가면서 읽는 방법이다. 아주 자연스러운 발상이고 사실 올바른 생각이다. 이렇게 중요 어구에 밑줄을 그어 가면서 문제를 읽으면 분명히 성과가 있다. 예전에 비해 실수의 빈도가 분명히 줄어든다. 그러나 그 성과가 그리 만족스럽지 못하다. 실수의 빈도가 줄어들기는 하지만 '현저하게' 줄어들지는 않는다. 그 이유가 무엇일까?

밑줄을 긋는 방식에 문제가 있기 때문이다. 여기에 한 가지 요소만 추가하면 이 방법이 실수를 극복하게 해 주는 완벽한 방법으로 변한다. 그것은 맨 처음 읽으면서 밑줄을 긋지 말고 다 읽고 나서 중요한 단어를 '선택'한 후 밑줄을 긋는 일이다. 이 두 가지 방식의 차이는 단지 먼저냐 나중이냐의 차이가 아니다. 결정적인 차이점은 바로 '반성적 사고'의 유무다. 처음 읽으면서 그냥 눈에 들어오는 대로 밑줄을 긋다 보면 어떤 것이 중요한지 제대로 판단하지 못하고 밑줄을 남발하게 된다. 반면에 문제를 다 읽고 나서 어떤 표현이 중요한지에 대해 '반성적 사고'를 거치고 나면 중요한 표현을 정확하게 판단할 수 있을 뿐만 아니라 그 문제의 논리적 구조 전체에 대해서 파악할 수 있게 된다.

이렇게 되면 문제를 잘못 읽을 가능성은 거의 없어진다. 반성적 사고를 거친 후 중요한 표현이라고 지목한 어구들이 바로 그 문제에 담겨 있는 중요한 조건이나 핵심적인 개념 같은 것이다. 이렇게 하면 단지 문제를 잘못 읽는 실수를 극복할 뿐만 아니라 전반적

86

인 공부 능력이 향상되고 공부에 대한 자신감도 갖게 된다. 이것이 '반성적 사고'의 힘이다. 반성적 사고라고 해서 거창한 것은 아니다. 읽은 내용을 머릿속에서 되새기며 중요한 표현을 찾는 과정에서 문제 속에 담긴 의미를 온전하게 이해하게 된다는 것이다.

누군가는 이런 방식으로 문제를 읽으면 시간이 오래 걸려서 1분 1초가 중요한 시험 중에 시간을 낭비하는 게 아니냐고 반론을 제기할 수도 있다. 그러나 잘못된 생각이다. 조급하게 문제를 읽고 나면 문제를 풀다가 미심쩍은 부분이 있어서 문제를 처음부터 다시 읽는 경향이 있다. 이런 요소를 감안하면 문제를 읽는 데 소요되는 절대 시간에서 결코 더 오래 걸리는 게 아니다. 더구나 곧이어 얘기하겠지만 이런 방법을 '습관화'하면 점차 시간을 단축해 결국 절대 시간 면에서도 기존의 방식보다 유리한 결과를 얻을 수 있다.

나는 여기서 문제를 잘못 읽는 실수를 극복하기 위한 수단으로서 '반성적 사고'를 소개했지만 이것의 효력은 여기에 그치지 않는다. 이는 공부를 잘하기 위한 방법 중 가장 핵심적인 요소로서 앞으로 이 책에서도 그 효용성에 대해 여러 차례 강조할 것이다.

이제 두 번째 요소인 '습관화'에 대해서 살펴보자. 문제를 잘못 읽어서 시험을 망친 뼈아픈 경험을 한 사람은 그 문제를 극복하려 나름 여러 가지 노력을 하게 마련이다. 그러나 어느 정도 시간이 흐르면 뼈아픈 기억도 희미해지고 노력도 시들해진다. 그래서 곧 다시 원래의 상태로 되돌아간다. 다음 시험에서 다시 한 번 뼈아픈 경험을 하기 전까지 이런 기억과 노력들을 다 잊어버리게 된다. 실수를 극복하는 데 있어 습관화되지 않은 노력은 시간이 지나 원상태로 되돌아가는 것을 막지 못한다.

사람들은 흔히 실수를 하게 되면 가장 먼저 정신을 바짝 차려서 실수를 하지 않겠다는 결심을 한다. 이렇게 정신을 바짝 차리는 일을 '각성覺醒'이라고 부를 수 있다. 각성은 실수를 극복하는 데 있어 꼭 필요한 조건이지만 충분조건은 아니다. 다시 말해서 실수를 극복하기 위해서는 반드시 각성이 필요하지만 각성만 가지고서는 부족하다는 얘기다. 실수란 것은 실수를 저지르는 사람이 의식하지 못하는 어떤 내적 요인에 의해서 만들어진다. 그렇기 때문에 의식적인 각성만 가지고서는 무의식적인 내적 요인을 제거할 수 없다. 반드시 실수를 범하지 않는 어떤 행동 패턴을 습관으로 만들어야 실수에서 벗어날 수 있다.

우리는 앞에서 이 '행동 패턴'이 무엇인지 알게 되었다. 그것은 바로 '반성적 사고에 의거한 중요 어구 선택 및 밑줄 긋기'다. 문제를 읽을 때 이 행동 패턴을 꾸준히 실행하여 습관화하는 것이 중요하다. 이런 방식으로 한번 습관화가 되면 우연적인 요인, 예를 들어 시험 준비를 제대로 하지 못해서 시험장에서 불안한 심리 상태에 빠지게 되는 경우라도 습관의 힘을 빌어 문제를 잘못 읽는 실수를 범하지 않을 수 있다.

습관화를 위한 지침
• • •

이제 지금까지의 논의를 토대로 '문제를 잘못 읽는 실수를 극복하는 방법'은 다음과 같이 정리해 볼 수 있다.

❶ 문제를 다 읽고 나서 중요한 어구에 밑줄 긋기(반성적 사고)
❷ 과목을 막론하고 모든 문제를 읽을 때 ①의 방식을 습관화하기
❸ 실수의 빈도수 추이 체크하기

①과 ②에 대해서는 앞에서 충분히 설명했다. ③이 새로 추가된 항목인데 말하자면 습관화를 위한 보조 도구라고 생각하면 된다. 일주일 정도의 기간을 정해 놓고 그 기간 동안 모든 과목에서 '문제를 잘못 읽는 실수'를 범한 문제들을 다 기록해 놓고 그 빈도수와 추이를 분석하는 것이다. 이때 중요한 것은 문제를 잘못 읽어서 틀린 문제뿐만 아니라 비록 맞혔을지라도 문제를 잘못 읽었거나 문제의 중요 요소들에 주목하지 못했던 문제들까지도 다 기록해 두어야 한다는 점이다. 이런 문제들은 언제든지 틀릴 가능성이 있는 문제들이기 때문이다. 중요한 것은 맞고 틀리는 것이 아니라 내가 실수를 범했는지 아닌지다.

이 기록은 일정한 양식의 표로 만들어서 표준화시켜 두는 것이 좋다. 여기에 하나의 샘플을 제시하는데 이것을 참조해서 자신만

의 표를 만들어 두면 좋을 것이다. 이 샘플이 쓸 만하다고 생각되면 그냥 사용해도 무방하다.

날짜	과목	교재명	문제	유형	상세설명
1/6	수학	○○○○	265쪽 유제3	③	
1/7	국어	△△△△	12쪽 13번	①	
	물리	□□□□	87쪽	②	

위와 같은 방식으로 표를 만들어 기록하면 된다. 직관적으로 금방 이해할 수 있을 것이다. 여기서 말하는 '유형'은 앞서 내가 분류한, '문제를 잘못 읽는 실수'의 세 가지 유형을 말한다. 위의 표에 따르면 수학은 '선입견에 사로잡혀서' 문제를 잘못 읽은 것이고, 국어는 '문제에 표현된 문장이나 단어의 뜻을 잘못 이해해서' 문제를 잘못 읽은 것이며, 물리는 '문제에 담겨 있는 조건을 오해해서' 문제를 잘못 읽은 것이다. 상세 설명 부분은 자신의 실수 내용을 기록해 놓는 부분이다. 일종의 간략한 '오답노트' 기능을 한다고 보면 된다. 나중에 자신의 실수를 돌아보는 용도로 사용될 수 있다.

일주일(단위는 사람마다 다를 수 있다) 단위로 기록한 후 마지막 날 틀린 문제 총 개수, 과목별 틀린 문제 개수, 유형별 틀린 문제 개수를 기록해 둔다. 이런 기록이 차츰 쌓이다 보면 자신이 어떤 유형의 실수를 어떤 과목에서 범하고 있는지 파악될 것이다. 그리고 앞에서 제시한 방법에 따라 문제를 올바로 읽는 습관화를 실행하면서 이 개수들이 어떻게 줄어 가는지 그 추이를 지켜보면 된다. 궁극적으로 일주일 동안 '문제를 잘못 읽는 실수'가 단 한 개도 나타나지 않을 때까지 이 작업을 계속하기를 권한다. 그래서 결국 이 단계에 도달하게 되면 이제 이 기록은 필요 없게 된다. 이렇게 되면 이제 더 이상 '문제를 잘못 읽는 실수'는 범하지 않는 학생이 된 것이다. 평생 '문제를 잘못 읽는 실수'에서 해방된 것이다.

06
생각의
흐름

왜 생각의 흐름인가?

· · ·

왜 생각의 흐름인가? 우리가 학교에서 배우는 것은 정보가 아니라 지식이기 때문이다. 앞서 정보와 지식의 차이점에 대해서 설명한 바대로 정보는 단편적으로 흩어져 있는 것이고 지식은 이러한 정보들을 생각으로 꿰어 준 것이다. 정보라는 것은 굳이 공부를 하지 않아도 주변에서 손쉽게 얻을 수 있다. 반면에 지식은 공부를 통해서만 올바로 습득될 수 있다. 이것이 공부의 본질이다.

당신은 공부가 무엇이라고 생각하는가? 나는 공부의 핵심은 바로 단편적인 정보들을 지식으로 엮는 생각의 힘을 키우는 일이라고 본다. 주어진 정보들을 생각의 흐름으로 엮어서 지식으로 구성하는 능력, 이것이 공부의 최종 목적이라고 생각한다. 지금까지 여러분은 공부에 대해서 어떻게 생각해 왔는가? 아마도 '생각의 흐름'이라는 관점에서 공부를 생각해 본 적은 별로 없을 것이다. 지금 내가 제안하는 '생각의 흐름'이라는 시각에서 공부를 다시 생각해 본다면 공부에 대한 새로운 통찰을 얻을 수 있을 것이다.

왜 어떤 지식은 학교를 졸업한 지 오랜 시간이 지나도 머릿속에 남아 있지만 어떤 지식은 흔적 없이 머리에서 사라지는 것일까? 왜 똑같은 내용을 배웠어도 어떤 사람은 그것을 평생 가져가지만 어떤 사람은 배운 기억조차 없어지는 것일까? 그것은 바로 지식을 습득하는 과정에서의 차이 때문이다. 생각의 흐름으로 구성된 지식은 평생을 함께하지만 우격다짐으로 머릿속에 집어넣은 지식은 시간이 지나면 기억 속에서 사라지고 만다.

생각의 흐름이 얼마나 중요한지 알 수 있는 또 하나의 사례가 있다. 많은 사람 앞에서 강연을 하는 강연자의 경우를 생각해 보자. 성공적인 강연을 위해서는 준비를 철저히 해야 한다. 그런데 초보 강연자의 경우에는 강연 초안을 준비할 때 처음부터 끝까지 완벽한 시나리오를 짜 놓고 세세한 부분까지 다 정리한다. 극단적인 경우에는 강연에서 말할 내용을 문장 단위로 준비해서 토씨 하나 틀리지 않고 외워 버리는 경우도 있다. 반면에 숙달된 강연자는 한두 장의 문서에 굵직굵직한 주요 내용들만 정리해 두는 편이다. 그렇다면 청중들은 어떤 강연자의 강연에 더 호응할까? 여러분도 짐작하다시피 후자의 강연이 대부분 더 큰 호응을 이끌어 낸다.

여기서도 우리는 '생각의 흐름'의 중요성을 알 수 있다. 숙달된 강연자는 강연의 내용을 '생각의 흐름'으로 정리한 반면, 초보 강연자는 '정보와 지식들의 명세서'를 준비한 것이다. 생각의 흐름을 머릿속에 갖고 있는 강연자는 강연의 주도권을 쥐고 청중을 쥐락펴락할 수 있지만 '명세서'를 준비한 강연자는 그 명세서에 주도권을 내준 것이다. 특히 강연 중간에 어떤 돌발 상황이 발생하면 숙달된 강연자는 능수능란하게 대처하면서도 다시 자신의 생각의 흐름으로 되돌아올 수 있지만 초보 강연자는 시나리오에서 벗어난 돌발 상황에 대처할 수 없다. 이렇게 강연의 주도권을 쥐고 있지 못한 강연자에게 청중이 호응하기는 어려운 일이다.

다시 공부 문제로 되돌아오자. 공부라는 것이 생각의 흐름으로 정리된 지식을 배우는 것이라면 공부 과정에서 가장 중요한 것은 지식 그 자체가 아니라 지식을 정리하는 '생각의 흐름'이 된다. 이점이 가장 중요하다. 지금까지 공부에 관해서 항상 무언가 잘 안 풀린다고 생각했던 사람이라면 지금 이 발상의 전환이 필요하다. 공부는 지식 획득 그 자체가 목표가 아니라 지식에 이르는 과정에서 '생각의 흐름'을 훈련하는 일이 최종 목표가 되어야 한다.

이런 시각에서 공부의 과정을 되짚어 보겠다. 먼저 여러분이 공부하는 교재에 대해서 생각해 보자. 학생들이 공부하는 교재 중

'공식적인' 교재는 교과서다. 교과서의 집필자는 가장 먼저 교과서에 담길 전체 내용을 결정한 후 그것들을 몇 개의 큰 단위로 나눈다. 이 단위가 교과서에서는 대단원에 해당된다. 각 대단원의 내용들은 다시 세분화되어서 소단원들을 이룬다. 이때 내용들을 나누는 기준은 무엇일까? 그것이 바로 생각의 흐름이다. 한 단위는 하나의 생각의 흐름이 완결되는 구조로 되어 있다. 대단원에 담긴 생각의 흐름은 비교적 광범위한 것이고 소단원에 담긴 생각의 흐름은 그에 비해 좁은 범위의 것을 다룬다.

교과서가 생각의 흐름을 기준으로 세분화되어 있다는 증거는 각 단원의 시작 부분에 나와 있는 그 단원에 대한 소개 부분이다. 이 부분은 한 단원의 생각의 흐름에 대한 '지도' 같은 것이다. 단원에서 배울 주요 개념과 주요 문제들을 개괄적으로 정리해 주고 있으며 어떤 요소들을 중요하게 공부해야 하는지 지침을 제공해 준다. 교과서 집필자는 각 단원이 하나의 생각의 흐름으로 정리될 수 있는 것이며 학생들의 머릿속에 그렇게 정리되기를 희망하는 것이다.

이에 비해 참고서는 '명세서'의 성격이 좀 더 강하다. 교과서에 비해 상세한 설명을 담고 있기는 하지만 그 상세함 때문에 오히려 복잡하고 난삽해질 수 있다. 명문대 수석 합격생들이 합격 인터뷰에서 "교과서 위주로 공부했어요"라고 말하는 것은 결코 빈말이 아니다. 교과서를 가지고 생각의 흐름을 자기 것으로 만들지 못하고 참고서만 가지고 공부를 하게 되면 많은 것을 공부한 것 같지만 머릿속에 남는 것은 별로 없게 된다. 반드시 교과서를 '생각의 지도'로 삼고 참고서를 보충 수단으로 활용하는 것이 올바른 방법이다.

수학 과목과 같이 개념 정립도 중요하고 문제 풀이 훈련도 많이 해야 하는 과목의 경우에는 교과서의 내용만 가지고서는 부족한 것이 사실이다. 이럴 경우에는 수학 참고서 중에서 소위 '개념서'라고 불리는 것을 가지고 생각의 지도를 확립할 수 있다. 그런데 많은 학생들이 개념서보다는 문제집에 더 치중하는 경향이 있다. 내가 종종 학생들에게 "문제집 가지고 공부하지 말라"고 얘기하는 이유도 여기에 있다. 문제집은 공부한 내용을 담금질하는 용도로 사용하는 것이다. 문제집 가지고 개념도 잡고 원리도 이해하고 문제 풀이 훈련도 하는 것은 지도 없이 명세서만 가지고 길을 떠나는 것과 같다.

일정 기간 동안 공부를 완료한 학생들은 시험이라는 것을 치르게 된다. 이때도 우리는 생각의 흐름에 입각해서 시험문제를 생각해 볼 수 있다. 시험문제의 출제자는 정답에 이르는 생각의 흐름과 오답에 이르는 생각의 흐름을 염두에 두면서 문제를 출제한다. 물론 출제자들이 이 '생각의 흐름'이라는 개념을 꼭 인지하고 있지 않더라도 출제 과정에서 그들의 머릿속에서 이루어지는 일은 내가 여기서 말하는 것과 거의 일치한다.

그런데 미숙한 출제자는 단지 옳은 지식과 잘못된 지식을 구분하고 옳은 지식을 알고 있으면 정답을 맞힐 수 있도록 문제를 구성한다. 반면에 숙련된 출제자는 단지 지식의 옳고 그름이 아니라 그 지식에 도달하는 과정이나 그 지식을 응용하는 과정에서 생각의 흐름이 올바로 흘러가고 있는지를 보고자 한다. 물론 하나의 시험지 안에 전자의 문제들과 후자의 문제들이 혼재되어 있다. 하지만 후자의 방식으로 출제된 문제들이 소위 '오답률이 높은 문제'가 되는 것이고 이런 문제들에서 승패가 갈리는 것이 일반적이다.

자, 이제 여러분도 내가 왜 그렇게 '생각의 흐름'을 중시하고 있는지 이해했을 것이다. 공부의 최종 목적은 생각의 흐름을 갖는 것이고 그에 따라 교과서도 생각의 흐름으로 구성되어 있으며 시험 문제도 생각의 흐름이 올바로 작동하는지 확인하는 장치라고 볼 수 있다. 이제 남은 것은 여러분 자신의 '생각의 흐름'을 갖는 일이다. 그것이 올바른 공부, 진짜 공부다.

지식을 구성하는 생각의 흐름

• • •

지금까지 생각의 흐름이 왜 중요한지에 대해서 알아보았다. 그런데 그것이 중요한지는 알았는데 도대체 '생각의 흐름'이 무엇인지에 대해서는 아직 감이 잘 잡히지 않는 사람도 있을 것이다. 사실 '생각의 흐름'이라는 말이 너무 추상적인 말이기 때문에 보다 구체화할 필요가 있다. 그래서 이 생각의 흐름이라는 개념을 약간 도식화해 보겠다. '도식화'한다는 말은 이에 꼭 들어맞지 않는 경우도 있다는 얘기다. 들어맞지 않는 부분에 관해서는 3부에서 각 과목별 공부법을 다룰 때 다시 자세히 설명할 것이다. 그러니 지금 당장은 다음 도식에 주목해 주기 바란다.

지식을 구성하는 생각의 흐름은 위의 세 가지 요소로 도식화할 수 있다. 먼저 각각에 대해서 살펴보자.

개념은 '어떤 사물이나 현상에 대한 일반적인 관념'을 의미하는 것으로 우리 사고의 가장 기본적인 단위라고 볼 수 있다. 이에 대한 규정은 매우 다양하고 철학적으로도 중요한 설명이기에 여기서는 우리가 공부 과정에서 접하는 것으로서의 개념에 국한해서 설명하겠다. 개념은 대개 정의definition의 형태로 제시된다. 예를 들어 "액체는 모양이 일정하지 않고 담는 그릇에 따라 변하며, 힘을 가해도 부피가 줄어들지 않는 물질의 상태다"와 같은 방식으로 제시되는 것이 개념이다.

원리는 '사물의 근본이 되는 이치'를 의미하는 것으로서 법칙 중에서도 가장 근본적인 것을 지칭한다. 원리를 말로 표현하면 흔히 개념들 간의 관계의 형태로 나타난다. 예를 들어 "액체의 온도를 높이면 기체로 변하고 기체의 온도를 낮추면 액체 상태가 된다. 이는 분자 간의 거리와 운동 에너지가 변하기 때문이다"와 같은 것이 원리에 대한 진술이다. 여기서 기체, 온도, 액체, 분자, 거리, 운동 에너지 등의 개념들이 사용되었고 원리는 이 개념들 간의 관계를 진술하고 있다.

적용 혹은 사례는 개념과 원리를 이용하여 구체적인 현상을 설명하거나 추론하는 것을 말한다. 예를 들어 물을 끓이면 수증기로 변하는 현상이라든가 공기 중의 수증기가 차가운 물이 담긴 유리컵 표면에서 물로 변하는 현상 같은 것이 개념과 원리가 적용된 사례라고 볼 수 있다. 사례들이 풍부할수록 지식의 토대가 굳건해진다. 하나의 원리로 적용 가능한 사례가 많으면 많을수록 그 원리에 대한 믿음이 커지기 때문이다.

지금까지의 설명은 자연과학의 예를 통해 이루어졌다. 수학과 자연과학의 경우는 개념, 원리, 사례의 구분이 비교적 명확한 편이라서 이 도식이 적용되는 바를 쉽게 이해할 수 있다. 그러나 이에 비해 인문학이나 사회과학의 경우는 개념과 원리의 구분이 명확하지 않은 경우가 많다. 특히 원리라는 것이 따로 독립되어 존재하기보다 개념 안에 포함되어 있는 경우가 빈번하다. 이럴 경우는 꼭 '원리'의 정의에 부합하지 않아도 원리를 포함하고 있는 개념을 원리로 간주하고 도식을 완성해도 큰 무리는 없다. 나중에 예시를 통해서 자세히 설명할 것이다.

이 도식 안에서 개념, 원리, 사례 각각은 사전적인 의미에서 보면 일반적인 지식이다. 그러나 우리의 관점에 따를 때, 즉 공부하는 과정에서 어떻게 지식을 습득하는가 하는 관점에서 볼 때 이것들 각각은 단편적인 지식들이다. 따로따로 이해하고 암기하면 그것은 이내 기억 속에서 사라져 버리는 지식이 된다. 그것들 각각을 연결시켜 주는 것, 즉 생각이 있어야 '생각의 흐름'으로 구성된 지식이 되어 비로소 내 것이 된다. 그래서 이 도식에서 가장 중요한 것은 개념도 원리도 적용(사례)도 아니라 개념과 원리, 그리고 사례를 이어주는 '선(−)'이다. 이 선이 바로 '생각'이다. 이들을 서로 이어 주는 생각이 있어야 '생각의 흐름'이 성립되고 비로소 우리가 말하는 온전한 의미의 지식이 된다.

여러분이 공부 과정을 되돌아보면 이 세 요소를 공부하는 데 대부분의 시간을 할애하고 있다는 것을 알게 될 것이다. 중요 개념들을 이해하고 개념들의 관계를 중심으로 주요 원리들을 이해하고 이것들이 적용된 사례를 공부한다. 각 과목별로 해당 요소가 지시하는 것들이 차이가 있지만 큰 틀로 보면 모든 과목을 이 도식으로 설명할 수 있다. 중요한 것은 여러분이 공부 과정에서 세 요소를 이어 주는 '생각'에 얼마만큼의 시간을 할애했는가다.

문제에 담겨 있는 생각의 흐름

...

공부 과정에서 생각의 흐름이 중요하다면 시험문제를 풀 때도 생각의 흐름이 중요해야 한다. 그렇지 않다면 생각의 흐름을 중심으로 공부할 이유가 없다. 시험문제에도 분명한 생각의 흐름이 있다. 그리고 그것은 공부 과정에서 이루어진 생각의 흐름과 밀접한 관련이 있다. 이제 시험문제에 표현된 생각의 흐름을 분석해 볼 차례다.

단도직입적으로 시작해 보자. 나는 여기서 다음과 같은 '출제의 대원칙'을 먼저 제시하고자 한다.

출제의 대원칙 : 누락된 요소를 학생이 찾도록 한다.

이 단순한 한 문장이 출제의 대원칙이다. 여기서 말하는 누락된 요소는 바로 개념, 원리, 적용을 말한다. 시험문제를 출제한다는 것은 문제 속에서 이 세 가지 요소 중 한두 개를 누락시키고 학생이 그것을 찾아서(혹은 이끌어 내서) 해결하도록 문제를 구성하는 것을 뜻한다. 물론 이 원칙 역시 다소 도식화한 점이 있기 때문에 딱 들어맞지 않는 문제들도 있다. 그러나 거의 대부분은 이 원칙으로 설명할 수 있다.

이 대원칙에 입각해서 문제가 출제된다는 의미는 문제 속에 '생각의 흐름'이 구현되어 있다는 것을 의미한다. 생각의 흐름을 이루는 세 요소 중 한두 개를 누락시키는 방식으로 문제를 출제한다는 것은 이미 생각의 흐름을 전제하고 있다는 것이다. 공부 과정에서 생각의 흐름을 제대로 익히고 훈련한 학생은 문제를 해결할 수 있을 것이고 그렇지 못한 학생은 해결하지 못할 것이다.

이 출제의 대원칙이 어떻게 문제에 구현되어 있는지 구체적으로 살펴보자.

문제

사회 불평등 현상을 바라보는 갑과 을의 견해에 대한 설명으로 옳은 것은?

> 갑 : 단순 노무직이나 비전문직에 비해 전문직은 더 많은 지식과 기능을 요구하므로 당연히 더 나은 보상을 해 주어야 합니다. 만약 그들에게 동등한 보상을 해 준다면 누가 많은 대가를 치르고 기술과 지식을 쌓아야 하는 전문직에 봉사하려 하겠습니까?
>
> 을 : 전문직과 비전문직의 구분은 과연 어떤 기준에 따라 누가 정하는 것인가요? 기존 구조 하에서 고소득을 올리고 있는 이들이 자신들의 직업을 전문직이라고 규정하고 당연히 더 많은 보상을 받아야 하는 것처럼 주장하는 것일 뿐입니다. 변호

는 전문직이고 교사는 비전문직인가요? 아니면 교사는 전문
직이고 환경 미화원은 비전문직인가요?

① 갑은 지배 집단과 피지배 집단 간의 대립 관계에서 사회 불
평등을 이해한다.

② 을은 사회 불평등 현상이 전체 사회의 유지와 발전에 필수적
인 것으로 본다.

③ 갑과 달리 을은 사회 불평등을 강제나 통제의 결과로 본다.

④ 을과 달리 갑은 지배 집단의 기득권 유지를 위해 사회 불평
등이 존재하는 것으로 본다.

⑤ 갑과 을은 모두 사회적 희소가치의 차등 분배가 불가피하다
는 것을 인정한다.

이 문제를 앞의 도식에 따라 분석해 보자. 먼저 문제의 표현과
구조에서 중요한 항목에 주목해 보면 '사회 불평등 현상을 바라보
는'이라는 표현과, 네모 박스에 제시되고 있는 '갑과 을의 견해'가
중요 항목이다. '사회 불평등 현상을 바라보는'이라는 표현을 통해
출제자가 의도한 것은 이로부터 사회 불평등 현상을 바라보는 두
개의 상호 대립적인 관점이 무엇인지 이끌어 내라는 것이다. 사회
불평등 현상을 제대로 공부한 학생이라면 여기서 '기능론적 관점'

과 '갈등론적 관점'이라는 개념을 이끌어 낼 수 있다. 이 문제의 가장 특징적인 면은 갑과 을의 구체적인 견해가 제시되고 있다는 점인데 이는 이 도식 중에서 '사례'에 해당된다. 다시 말해서 이 문제에서 명시적으로 표현된 것은 '사례'가 된다.

이 문제에서 누락된 것은 무엇일까? 먼저 기능론적 관점과 갈등론적 관점이라는 '개념'이 누락되어 있다. 그래서 그것을 이끌어 낼 수 있어야 한다. 그러나 문제의 표현 중에 '사회 불평등 현상을 바라보는'이라는 표현이 있기 때문에 이는 그리 어렵지 않은 부분이다. 이 문제에서 중심적으로 누락된 요소는 두 가지 관점의 상호 대립적인 특징들인데 도식에 따를 때 이는 '원리'에 해당된다. 그 원리에 해당되는 표현들이 선택지의 항목들을 이루고 있다. 다시 말해서 출제자가 누락시키고 학생들로 하여금 찾기를 원하는 중심 요소가 바로 이 원리(두 가지 관점의 대립적인 특징들)이다.

이상의 분석을 올바로 이해한 사람이라면 내가 출제의 대원칙이라고 제시한 것이 어떤 의미인지 이해했을 것이다. 이것이 문제 속에 담겨 있는 생각의 흐름이다. 올바로 공부한 학생이라면 정답에 이르는 생각의 흐름을 선택할 수 있었을 것이다. 이제 이 정답에 이르는 생각의 흐름과 오답에 이르는 생각의 흐름을 분석해 보자.

정답에 이르는 생각의 흐름

• • •

여러분이 시험문제를 풀고 나면 결과는 두 가지 중에 하나다. 하나는 정답을 맞힌 것이고 다른 하나는 오답을 고른 것이다. 그러나 이제부터 이 생각에 조금 변화를 주기 바란다. 그 결과에 이르게 된 원인에 주목해 보자. '정답을 맞힌 것' 대신에 '정답에 이르는 생각의 흐름을 선택한 것'이라고 생각하고 '오답을 고른 것' 대신에 '오답에 이르는 생각의 흐름'을 선택한 것이라고 생각해 보자. 틀린 문제가 스승이 되는 지점이 바로 여기다. 단지 맞히고 틀렸냐의 문제에서 벗어나 정답에 이르는 생각의 흐름에 주목할 수 있을 때 틀린 문제가 스승이 될 수 있다.

이렇게 볼 때 관건은 '오답에 이르는 생각의 흐름'에서 벗어나서 '정답에 이르는 생각의 흐름'을 갖는 것이다. 이것이 어떻게 가능할까? 출발점은 '오답에 이르는 생각의 흐름'을 반성하는 일이다. 내 생각의 흐름 중 어떤 부분에서 잘못이 있기에 나는 오답에 이르렀는가? 비교의 기준을 삼기 위해서 먼저 정답에 이르는 생각의 흐름에 대해서 설명하겠다. 앞에서 제시한 문제를 다시 활용해 보자.

이 문제에서 정답을 고른 학생은 ⓐ'사회 불평등 현상을 바라보는'이라는 표현에서 기능론적 관점과 갈등론적 관점이라는 개념을 이끌어 내고 ⓑ네모 박스에 주어진 갑과 을의 견해 중에서 갑의 견해가 기능론적 관점에, 을의 견해가 갈등론적 관점에 해당된다는 것을 파악한 후 ⓒ두 관점의 대립적인 특징들을 상기해서 ⓓ선택지에서 올바른 것을 고른 것이다.(정답은 ③번이다.)

이제 오답에 이르게 되는 생각의 흐름에 대해서 살펴보자. 앞에서 설명한 도식에 따를 때 오답에 이르게 되는 원인은 크게 보아 다음 두 가지다.

❶ 누락된 요소를 찾지 못했거나 오해한 경우
❷ 요소와 요소를 연결시켜 주는 생각에 오류가 있는 경우

먼저 '사회 불평등 현상을 바라보는'이라는 표현에서 사회 불평등 현상을 바라보는 두 가지 관점을 이끌어 내지 못했거나 다른 개념과 혼동한 경우가 ①에 해당된다. 다른 개념은 예를 들어 '사회 불평등 현상에 대한 이론'이라는 것이 있다. 이 개념 역시 두 가지 상반된 이론인 계급 이론과 계층 이론으로 구성되어 있어서 헷갈리기 쉽다. 물론 사회 불평등에 대한 이론과 사회 불평등 현상을 바라보는 관점은 서로 밀접하게 연관되어 있기는 하다. 그러나 이 두 가지 개념을 명확하게 구별하지 못하면 선택지에서 답을 고를 때 헷갈릴 수 있다.

다음으로 네모 박스에 주어진 갑의 견해가 기능론적 관점이고 을의 견해가 갈등론적 관점이라는 것을 파악하지 못하거나 거꾸로 연결시킨다면 ②의 경우에 해당된다. '개념'과 '사례'를 연결시키는

'생각'에 문제가 발생한 것이다.

마지막으로 두 가지 관점을 적절하게 이끌어 내고 사례로 주어진 두 가지 견해에 적절하게 연결시켰을지라도 두 관점의 세부적인 특징을 제대로 기억해 내지 못한다면 정답에 이르지 못하고 오답을 고르게 될 것이다. 이 경우 역시 ①에 해당되는 것으로서 '원리'를 제대로 찾지 못하거나 오해한 경우에 해당된다.

만약 여러분이 이 문제에서 정답을 찾지 못하고 오답을 골랐다면 위 세 가지 경우 중 하나에 해당될 것이다. 다른 이유는 있을 수 없다. ①에 해당하는 두 가지 경우와 ②에 해당하는 한 가지 경우, 이것이 이 문제에서 틀리는 이유의 전부가 되는 것이다. 이 문제는 비교적 쉬운 문제기 때문에 틀리는 이유를 찾기도 쉬운 편이었다. 문제의 난이도가 높아지면 경우의 수가 더 많아질 것이다. 3부에서 자세히 살펴볼 것이다.

지금까지 여러분은 사회탐구 과목 중 '사회와 문화' 과목의 문제 하나를 가지고 시험문제에 담긴 생각의 흐름 그리고 정답과 오답에 이르는 생각의 흐름에 대해 알아보았다. 사실 비교적 단순한 문제를 가지고 이렇게 복잡하게 분석하는 것이 필요한지에 대해 의문이 드는 사람도 있을 것이다. 그러나 이렇게 글로 풀어 설명하니 복잡해 보일 뿐이지 실제로 학생들 스스로 틀린 문제를 가지고 분석해 보면 그리 복잡하지 않다. 중요한 것은 지금까지 시도해 보지 않았던 틀린 문제에 대한 분석을 통해 '틀린 이유를 스스로 알게 된다'는 점이다. 틀린 문제가 스승이 되기 위해서는 반드시 필요한 일이다.

　지금까지의 설명을 단 하나로 집약해서 나오는 것이 바로 '오답노트'다. 오답노트는 틀린 문제를 스승으로 삼기 위해서 필요한 가장 궁극의 무기다. '무기'라는 표현 속에 담긴 뜻은 실용적으로 가장 중요한 역할을 하는 도구라는 것이다. 이제 여러분이 알아야 할 것은 당연히 오답노트의 활용법이다.

07 오답노트

오답노트에 대한 오답

• • •

공부를 좀 한다 하는 학생치고 오답노트를 작성해 보지 않은 사람은 없을 것이다. 그리고 오답노트를 잘 활용하는 것과 성적 사이에 어느 정도 비례관계가 있다는 데 대해서는 큰 이견이 없을 것이다. 이렇듯 대부분의 학생들이 오답노트의 중요성에 대해서는 대체로 인정하고 있다고 본다. 그래서 지금 이 순간도 공부를 하고 있는 많은 학생들이 오답노트에 정성껏 기록을 하고 있을 것이다.

그런데 과연 이 모든 오답노트들이 정말 공부에 도움이 되는 것일까? 유감스럽게도 그렇다고 대답하기 힘들다. 학생들이 정성 들여 작성하고 있는 오답노트 중 많은 것들이 실제 성적 향상에 큰 도움이 되지 못하고 심지어 어떤 경우에는 시간 낭비만 하고 있는 것이라 볼 수 있다. 그렇기 때문에 잘못된 오답노트와 올바른 오답노트 작성법에 대해서는 반드시 명확하게 짚고 넘어가야 한다.

먼저 잘못된 오답노트의 전형적인 형태에 대해서 알아보자. 말하자면 이것은 '오답노트에 대한 전형적인 오답'인 것이다. 전형적이라고 부르는 이유는 학생들이 오답노트라고 하면 가장 먼저 떠올리고 또 가장 많이 작성하는 방식이기 때문이다. 그것은 바로

'해설지의 내용을 옮겨 적는 오답노트'

이다. 이것이 가장 피해야 할 오답노트다. 문제를 틀리고 나서 해설지나 해답을 보면 틀린 이유를 알게 된다. 그래서 해설지의 내용을 잘 정리해서 오답노트에 적어 두면 나중에 도움이 될 것이라는 생각을 하게 되고 그런 방식으로 오답노트를 작성한다. 그러나 시간이 흘러 같은 문제를 나중에 다시 풀어 보았을 때 여전히 틀리는 자신을 발견하게 된다. 더구나 오답노트를 열어 보니 그 문제에 대해서 이미 자신의 손으로 잘 정리해 놓은 것을 발견하게 된다. 정성 들여 정리해 놓은 오답노트를 보니 허탈하기 그지없다. 정성 들여 작성해 놓은 그 오답노트가 별로 쓸모가 없었던 것이다.

이보다 조금 더 발전한 형태는 해설지를 옮겨 적는 것이 아니라 해설지의 내용을 분석해서 나름대로 재구성해 놓는 방식이다. 그

래서 중요한 항목에 밑줄도 긋고 별표도 쳐 놓으면서 "주의할 것!" 과 같은 경고 문구도 표시해 놓는다. 확실히 이런 방식은 단순히 해설지를 옮겨 적는 방식에 비해 오답노트의 내용을 머릿속에 더 깊게 각인시킬 수 있다. 기억도 더 오래 가고 틀린 문제를 다시 틀릴 확률도 줄어든다. 그러나 틀린 문제가 스승이 되기에는 이 방식도 부족한 면이 있다. 근본적 발상의 전환이 필요하다.

오답노트는 반성문이다

• • •

근본적 발상의 전환은 바로 오답노트의 초점을 내용이 아니라 '사람'에게 맞추는 것이다. 여기서 물론 '사람'은 문제를 틀린 나 자신을 말한다. 더 구체적으로 말해서 나 자신의 머릿속에서 무슨 일이 있었는가에 초점을 맞추어야 한다는 얘기다. 그래서 나는 올바른 오답노트는 바로 '반성문'과 같은 것이라고 단언한다.

반성문이라는 말을 들으면 어떤 잘못을 저질러서 부모나 선생님에게 혼났던 속 쓰린 기억을 떠올리는 사람도 있을 테지만 여기서 중요한 것은 반성문의 의미와 기능이다. 잘못을 저질렀던 기억과 혼나서 속상했던 기억까지는 필요 없다. 반성문의 내용은 크게 보아 다음 세 가지로 이루어진다.

❶ 자신의 잘못에 대한 정확한 진술

❷ 자신의 잘못에 대한 냉정한 평가

❸ 다시 잘못을 반복하지 않겠다는 다짐

　이보다 더 오답노트의 속성에 부합하는 것이 어디 있으랴. 올바른 오답노트가 갖추어야 할 속성을 정말 그대로 반영하고 있지 않은가. 이에 따라 올바른 오답노트의 내용을 정리해 보면

❶ 자신의 실수에 대한 정확한 진술

❷ 자신의 실수에 대한 냉정한 평가

❸ 같은 실수를 반복하지 않겠다는 다짐

　물론 위 항목 중에서 ③번 항목은 명시적으로 오답노트 안에 담을 필요는 없다. ①과 ②의 단계를 수행하는 과정에서 자연스럽게 ③이 생겨나면 된다.

　결국 ①과 ②의 내용이 오답노트의 중심적인 내용이 된다. 이렇게 반성문의 내용을 정리하고 보니 앞에서 언급한 잘못된 오답노트와 가장 결정적인 차이점이 분석의 대상이 문제 자체가 아니라 나 자신, 나의 사고 과정이라는 점을 다시 한 번 확인할 수 있다. 다시 한 번 강조한다. 오답노트에 대한 이러한 '발상의 전환'. 이것이 바로 오답노트를 통한 성적 향상의 열쇠가 된다.

이제 ①과 ②번 항목의 내용이 구체적으로 어떻게 작성되어야 하는지 살펴볼 차례다. 물론 여기서 사용되는 것은 앞 장에서 분석했던 도식, 즉 '개념 − 원리 − 적용(사례)'의 도식이 될 것이다. 그런데 앞서 한 가지 살펴볼 내용이 있다. 이 도식이 모든 과목의 오답노트 작성의 근간이 될 것은 분명하지만 과목별 차이점과 특성에 대해서 어느 정도 이해하고 들어갈 필요가 있다.

과목별 차이점

· · ·

여러분이 공부하는 모든 과목들은 그 안에 생각의 흐름을 담고 있다. 따라서 생각의 흐름이 중요하다는 점은 여러분이 공부하는 모든 과목에 해당된다. 그러나 각 과목마다 독특한 특성이 있다는 것도 부인할 수 없는 사실이다. 그래서 과목별 생각의 흐름의 차이점에 대해서 이해해 둘 필요가 있다.

나는 여기서 지식의 스펙트럼이라는 개념을 도입할 것이다.(『도미노 공부법』에서 이에 대해서 소개한 바 있다.) 여러분이 공부하는 과목들을 지식의 스펙트럼으로 표현하면 다음과 같은 그림으로 표현할 수 있다.

사회탐구	과학탐구	외국어	국어	수학

이 스펙트럼의 왼쪽으로 갈수록 암기형 지식에 속하고 오른쪽으로 갈수록 사고형 지식에 속한다. 사탐이나 과탐 과목들은 주어진 정보를 정확하게 이해하고 똑바로 기억해 두는 것이 가장 중요하다. 물론 문제를 풀기 위해서는 주어진 정보를 특정 상황에 적용하거나(사탐) 수학적 사고를 이용해 해결해야(과탐) 하는 경우도 있지만 기본적으로는 정보에 대한 정확한 이해와 암기가 관건이다. 반면에 가장 오른쪽에 있는 수학 과목은 기본 개념과 정리, 공식을 이해한 후 순수하게 논리적 사고를 통해 문제를 해결하는 과목이다. 순수한 사고의 힘이 가장 큰 역할을 하는 과목이다. 외국어와 국어는 어휘와 문법 등의 기본 정보를 이해하고 암기해야 하는 부분(정보)과 지문을 읽고 이해한 후 추리 및 적용하는 부분(사고)으로 이루어져 있기 때문에 중간적인 위치에 있다고 볼 수 있다.

이 내용을 앞에서 제시한 생각의 흐름의 도식과 관련해서 다시 설명하면 그림의 왼쪽에 있는 과목일수록 도식 중에서 세 가지 요소(개념, 원리, 사례)의 역할이 중요한 반면 오른쪽으로 갈수록 요소들을 이어 주는 생각의 역할이 중요하다고 볼 수 있다. 요소들의 역할이 강한 탐구 과목의 경우에는 시험문제에 누락된 요소를 적절하게 찾아낼 수만 있다면 문제를 쉽게 해결할 수 있는 경우가 더 많다. 반면에 수학 과목은 문제를 해결하기 위해 필요한 개념과 원리를 정확하게 찾아냈다고 할지라도 문제를 해결하지 못하는 경우가 빈번하다.

우리는 앞 장에서 사회탐구 과목의 예시를 통해 오답에 이르는 두 가지 경우에 대해서 알아보았다. 다시 한 번 정리해 보면

❶ 누락된 요소를 찾지 못했거나 오해한 경우
❷ 요소와 요소를 연결시켜 주는 생각에 오류가 있는 경우

이 중에서 ①번이 지식의 스펙트럼 중 왼쪽에 있는 탐구 과목에서 더 자주 등장하는 오답의 이유가 될 것이고 ②번이 오른쪽에 위치한 수학 과목에 더 자주 나타나는 오답의 이유가 될 것이다.

요소들의 역할이 큰 과목의 경우에는 비교적 오답노트를 작성하기가 쉬운 편이다. 누락된 요소를 적절하게 찾지 못했거나 오해를 해서 오답을 고른 것이기 때문에 그 점만 정확하게 기록해 두면 될 것이다. 반면에 생각의 역할이 큰 수학 과목의 경우에는 오답노트를 어떤 틀에 맞추어 작성하기가 상대적으로 어렵다. 그래서 약간의 부연 설명이 필요하다.

먼저 수학 과목의 경우 앞에서 설명한 도식을 적용했을 때 나타나는 전형적인 형태를 알아보겠다. 수학 과목은 흔히 다음과 같은 형태로 생각의 흐름이 전개된다.

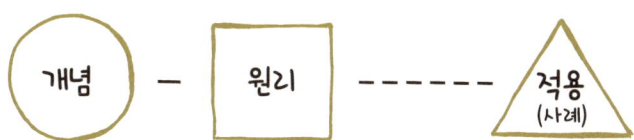

개념과 원리 사이에는 하나의 줄이 있는 반면 원리와 적용(사례) 사이에는 5~6개의 줄이 있다. 이것이 무엇을 의미하는지는 금방 이해할 수 있을 것이다. 개념과 원리를 알고 있다고 해도 그것으로부터 문제를 해결하여 정답에 금방 도달할 수가 없고 여러 단계를 거쳐야 정답에 도달할 수 있다는 얘기다. 물론 수학 문제의 경우에도 개념이나 원리를 적절하게 찾아내지 못해 문제를 틀릴 수 있다. 그러나 그보다는 문제를 해결하기 위해 필요한 개념과 원리는 알고 있으면서도 그로부터 답을 찾아가는 사고의 과정이 잘못되어서 답을 못 찾는 경우가 더 많다.

그래서 이 사고의 여러 단계를 오답노트에 반영하기 위해서는 기존의 도식만 가지고 부족하다. 새로운 개념 두 가지가 필요하다. 그것은 '착안'과 '분기점'이라는 개념이다. 먼저 착안에 대해서 알아보자.

수학 문제의 특성 중 하나는 정답에 이르는 길이 오직 하나가 아니라는 점이다. 다른 말로 해서 그중에서 더 효율적인 길이 있고 덜 효율적인 길이 있다는 얘기다. 정답에 도달할 수는 있지만 시간이 많이 걸리는 길을 선택한다면 문제를 해결할 수는 있지만 다른 문제 풀 시간을 낭비하는 셈이 된다. 따라서 최초에 어떤 길을 선택하는 것이 매우 중요한 문제가 된다. '착안'은 바로 이 어떤 길을 선택하는 최초의 발상을 말한다. 말하자면 사고의 출발점이라 볼 수 있다. 착안이 올바로 이루어지면 정답에 이르는 효과적인 사고의 단계들을 밟아 나갈 수 있지만 착안을 잘못하면 정답에 도달할 수 없거나 도달하더라도 상당한 시간과 노력을 필요로 하게 된다.

분기점은 사고의 단계들을 밟는 과정에서 다음 단계로 넘어가는 지점을 의미한다. 이 지점이 '분기점'인 이유는 이 지점에서도 어떤 길을 가야 할지 선택을 해야 하기 때문이다. 다음 그림을 보자.

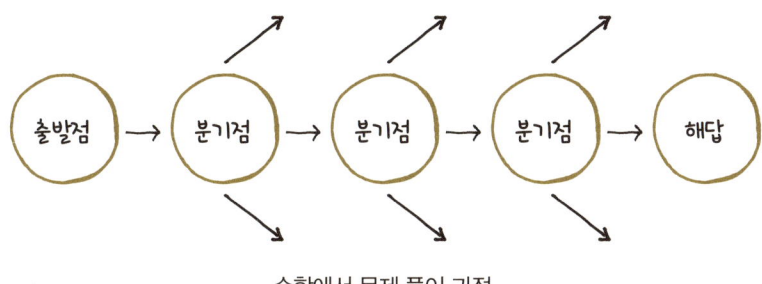

수학에서 문제 풀이 과정

각 분기점에서 선택이 옳은 것이라면 해답을 찾을 수 있다. 거기다가 그 선택이 효과적인 방향을 선택한 것이라면 빠른 시간 안에 답을 찾을 수 있다. 출발점이 올바른 것이었는데 결국 답을 찾지 못했다면 분기점에서 잘못된 선택을 한 것이고, 답을 찾기는 찾았는데 시간이 많이 소요되었다면 비효율적인 길을 선택한 것이다.

이상의 설명은 수학 과목에서 가장 두드러진 특징에 해당되지만 다른 과목에서도 가끔 등장한다. 과학탐구 과목에서도 종종 등장하며 사회탐구 과목에서도 가끔 등장한다. 심지어 국어 과목의 비문학 문제에서 등장할 수 있다. 각 과목별 틀린 문제의 유형과 오답노트 작성 방법은 3부에서 자세히 살펴볼 것이다. 구체적인 사례들은 거기서 만나 볼 수 있을 것이니까 조금만 참아 주기 바란다.

오답노트 작성 요령

• • •

이제 다시 오답노트 작성 문제로 되돌아오자. 앞에서 나는 반성문에 비유하면서 오답노트에 담겨야 할 주요 내용을 제시했다. 이제 그 내용들을 하나씩 점검해 보자.

첫째 '자신의 실수에 대한 정확한 진술'이다. 바로 이 부분 때문에 지금까지의 설명이 필요했다. 먼저 '개념 − 원리 − 적용(사례)'의 도식 중 어떤 부분에서 문제가 있었는지 정확하게 진술하는 것이 필요하다. 가급적 구체적이고 분명하게 표현해야 한다. 그 이유는 그렇게 구체적이고 분명하게 표현하려 할 때 머릿속에서 내용이 잘 정리되기 때문이다. 말하자면 정확한 표현을 찾아가는 과정이 바로 공부란 얘기다.

둘째 '자신의 실수에 대한 냉정한 평가'다. 냉정한 평가라고 해서 잘잘못을 따지자는 것이 아니다. 한마디로 말하자면 '틀린 이유'를 찾아내라는 말이다. 바로 이 부분이 내가 말하는 올바른 오답노트의 핵심이다. 초점을 문제로 향하지 말고 나 자신, 나의 머릿속에서 어떤 일이 있었는가를 향하라는 말도 이를 두고 한 말이다. 틀

118

린 이유를 찾아내라는 것은 나의 머릿속에서 일어난 어떤 일 때문에 오답을 선택하게 되었는지 진술하라는 것이다. 이 부분이 제대로 이루어진다면 세 번째 내용인 '같은 실수를 반복하지 않겠다는 의지'는 자연스럽게 만들어질 것이다.

이제 앞 장에서 풀어 보았던 사회탐구 문제를 가지고 오답노트를 작성하는 방법을 구체적으로 살펴보자. 여기서 나는 내가 작성한 오답노트의 형식을 하나 제시할 것이다. 이 형식은 올바른 오답노트의 하나의 샘플이라 보면 된다. 여러분도 이 형식을 그대로 사용해도 되고 자신만의 오답노트로 발전시켜서 사용해도 된다.

과목	수학	교재	수능특강	문제	112쪽 7번	유형	⑥

보기로 주어진 견해를 기능론과 갈등론에 올바로 연결시키지 못하고 반대로 연결시켰음.

기능론이 무엇이고 갈등론이 무엇인지 공부하기는 했지만 그냥 추상적으로 이해하고 외우기만 해서 구체적인 견해로 어떻게 나타날지 생각해 보지 못했음.

위 내용을 보면 각 항목들이 무엇을 의미하는지 쉽게 이해할 수 있을 것이다. 과목, 교재, 문제는 부연 설명이 필요 없을 것이다. 제일 오른쪽에 나오는 '유형'에 대해서는 다음 장에서 설명할 것이니 여기서는 그냥 넘어가겠다. 아래쪽에 있는 두 개의 커다란 칸 중 위쪽 칸은 '실수에 대한 정확한 진술'에 해당될 것이고 아래쪽 칸은 '실수에 대한 냉정한 평가' 즉 '틀린 이유'에 해당될 것이다.

이 문제는 비교적 간단하고 쉬운 문제였기 때문에 오답노트의 내용이 단순하다. 만약 복잡한 수학 문제였다면 아래쪽 두 칸의 내용이 매우 다양한 내용을 담고 있을 것이다. 착안이나 분기점에서 문제가 있었다면 그 내용을 정리하고 틀린 이유를 분석하는 부분이 상당한 분량을 차지할 것이다. 중요한 것은 그 과정에서 자연스럽게 심도 깊은 공부가 되고 또 '다시는 실수를 범하지 않겠다는 의지'가 생겨난다는 점이다.

이러한 방식의 오답노트를 과목별로 만들어 두고 일정 기간 동안 정리해 두면 '틀린 문제가 스승이 되는' 지점에 도달할 수 있다. 이제 남은 문제는 그 지점에서 무엇을 할 것인가다. 그 내용은 다음 장에서 살펴보겠다.

08 진단과 평가

틀린 문제가 스승이 되는 지점

· · ·

지금까지의 설명들을 마무리할 단계에 왔다. 그래서 앞서 살펴보았던 주요 내용 몇 가지를 다시 주목해 보자. 나는 1부에서 틀린 문제가 스승이 되기 위한 조건에 대해서 말했다. 틀린 문제가 스승이 될 수 있는 가장 중요한 조건은 틀린 문제들 자체에 있는 것이 아니라 틀린 문제를 대하는 우리들의 자세에 달려 있고 틀린 문제들에 적극적으로 반응할 때만 틀린 문제가 스승이 될 수 있다고 했다. 그리고 이 적극적 반응이란

❶ 일련의 틀린 문제들을 확보하여 '모집단'을 구성한다.

❷ 그 '모집단' 안에서 의미 있는 규칙성을 찾아낸다.

❸ 규칙성 안에서 자신의 고유한 문제점을 발견해 낸다.

라는 세 가지로 이루어져 있다고 했다. 이 단계에서는 아직 오답노
트라는 구체적인 수단에 대해서 설명하지 않았기에 이렇게 추상
적인 수준에서 조건을 제시했다. 그런데 이제 우리는 2부에서 틀
린 문제를 활용하는 구체적인 방법에 대해서 알아보았고 오답노
트라는 아주 구체적인 수단의 활용법에 대해서도 알게 되었다. 그
래서 이제 이 조건들을 더 구체화시킬 수 있는 여건이 마련된 셈
이다. 그래서 이 조건들을 다음과 같이 구체적으로 진술할 수 있게
되었다.

❶ 일련의 틀린 문제들을 확보하여 '모집단'을 구성하는 일은 과목
별 오답노트를 꾸준히 작성함으로써 일정한 기간이 지나면 확보
할 수 있는 일이 되었다.

❷ 그 '모집단' 안에서 의미 있는 규칙성을 찾아내는 일은 틀리는 유
형을 분석하여 빈도수가 높게 나오는 유형에 주목함으로써 가능
하게 되었다.

❸ 규칙성 안에서 자신의 고유한 문제점을 발견해 낸다는 것은 자신
이 자주 틀리는 유형이 고유의 문제점을 드러내 주는 지표라는
점에서 달성할 수 있게 되었다.

이런 방식으로 틀린 문제들에 적극적으로 반응하게 되면 틀린 문제는 나의 스승이 될 수 있다. 다시 한 번 강조하지만 여기서 틀린 문제들에 적극적으로 반응한다는 것은 문제 그 자체에 집중하는 것이 아니라 틀린 문제들이 지시하는 내 사고의 잘못된 흐름에 집중해야 한다는 것이다. 바로 이 부분이 제대로 이루어져야 틀린 문제가 진정 스승이 될 수 있는 것이다.

틀리는 유형들

• • •

앞에서 설명한 세 가지 조건을 자세히 살펴보면 여기서 가장 중요한 역할을 수행하는 것이 바로 '틀리는 유형'이라는 점을 발견하게 된다. 이 유형으로부터 규칙성을 찾아내고 거기서부터 다시 나의 고질적인 문제점을 발견해야 한다. 그래서 지금까지 살펴본 모든 틀리는 유형을 정리해 보자.

❶ 말 그대로 문장이나 단어의 뜻을 잘못 이해한 경우

❷ 문제에 담겨 있는 조건을 보지 못하거나 착각하는 경우

❸ 선입견이나 다른 생각에 사로잡혀서 문제를 읽은 경우

❹ 적절한 개념(누락된 요소)을 이끌어 내지 못했거나 오해한 경우

❺ 적절한 원리(누락된 요소)를 이끌어 내지 못했거나 오해한 경우

❻ 요소와 요소를 연결시켜 주는 '생각'에 오류가 있는 경우

❼ 개념과 원리로부터 사고를 전개해 나갈 때 '착안'을 올바로 하지
  못한 경우

❽ 사고의 진행 단계에서 만나는 분기점에서 잘못된 판단을 한 경우

이 여덟 개의 유형을 하나하나 자세히 음미하기 바란다. 이 안에
지금까지 설명한 모든 내용들이 들어 있으니 하나씩 읽어 보면서
머릿속에 상기해 보면 지금까지의 설명들이 잘 정리될 것이다.

①, ②, ③번은 제일 먼저 살펴본 '문제를 잘못 읽는 실수'의 세
가지 유형에 해당된다. ④, ⑤, ⑥번은 '생각의 흐름에 문제가 있는'
세 가지 경우를 지시하고 있고 ⑦, ⑧번은 '개념과 원리로부터 일
련의 사고 과정을 거쳐서 해답에 도달해야 하는 문제(특히 수학 과목
에 빈번하게 등장한다)에서 나타나는 잘못된 생각의 흐름'을 지시한다.

이 여덟 개의 유형이 앞에서(119쪽) 제시한 오답노트 샘플 중 설
명을 유보했던 '유형' 항목에 들어갈 내용이 된다. 앞 장의 예시에
서 유형 항목의 번호가 ⑥번이었는데, 이는 '요소와 요소를 연결시
켜 주는 생각에 오류가 있는 경우'에 해당한다. 이렇게 유형으로
구분해서 오답노트에 명기를 하는 이유는 규칙성을 찾아서 자신의
고질적인 문제점을 진단하기 위해서다.

진단과 평가

· · ·

진단은 무엇이 잘못인지 발견하는 과정이다. 지금까지 나는 이에 대해서 많은 설명을 해 왔다. 그래서 새롭게 덧붙일 것은 없다. 그러나 일목요연하게 다시 정리를 하는 일은 의미가 있다. 그 과정을 통해서 여러분이 실제로 실행하는 데 도움을 얻을 수 있기 때문이다. 지금까지 설명한 내용은 다음과 같이 정리해 볼 수 있다.

❶ 오답노트를 일정한 기간(일주일 혹은 한 달) 동안 지속적으로 작성한다.

❷ 그 기간이 끝나고 오답노트에서 틀린 유형의 빈도수를 점검한다.

❸ 가장 많이 틀린 유형별로 순위를 매긴다.

❹ 위 과정을 과목별로 모두 실행한다.

❺ 과목별로 상위에 있는 유형이 그 과목에서의 고질적인 문제점이 된다.

❻ 필요에 따라 한 과목 안에서도 단원별로 순위를 매길 수 있다.

이 과정을 거치고 나면 어떤 결론에 도달할 수 있다. 예를 들어 국어 과목에서는 ③번 유형의 실수를 많이 하고 수학 과목에서는 ⑦번 유형의 실수를 많이 한다는 식의 결론 말이다. 수학 과목 중에서도 미분과 적분 단원에서는 ⑧번 유형의 실수를 많이 하지만 기하와 벡터 단원에서는 ⑦번 유형의 실수를 많이 한다는 식의 결론이 나올 수 있다. 이 결론들이 의미하는 바를 자기 것으로 만들 수 있을 때 틀린 문제가 스승이 되는 것이다.

그런데 진단이라는 말을 들었을 때 무언가 좀 더 전문적인 것을 기대한 사람에게는 이렇게 틀린 유형의 빈도수를 점검해서 순위를 매기는 일이 시시하게 느껴질 수 있다. 그러나 단언하건대 이것을 실제로 행한 것과 그냥 남의 일처럼 생각하는 것 사이에는 커다란 차이가 있다. 자신이 푼 문제에 대해서 자신의 손으로 데이터를 만들어서 진단해 보는 경험, 그래서 그로부터 의미 있는 결론을 도출해 내는 경험을 하게 되면 마음속에서 무엇인가 움직이는 것이 생긴다. 이 '무언가 움직이는 것'이 나를 한 단계 상승시킬 수 있는 원동력이 되는 것이다.

평가는 진단에서 나온 결과물을 가지고 자신의 사고 과정을 반성하고 대책을 마련하는 일이다. 그런데 여기 한 가지 짚고 넘어가야 할 문제가 있다. 진단을 하면서 틀린 문제의 빈도수에 따라 순위를 매긴다고 했는데 그 순위 중에서 몇 번째까지를 의미 있는 것으로 보는가 하는 문제다. 그것은 그 빈도수의 상대적인 크기에 따라 달라진다고 보면 된다. 예를 들어 가장 상위에 존재하는 유형이 80%이고 두 번째 순위의 유형이 20%라면 두 번째 것은 무시해도 상관없다. 그런데 1순위 40%, 2순위 30%, 3순위 20%, 4순위 8%와 같이 결과가 나오면 3순위 유형까지가 의미 있는 것이 된다. 대체적으로 10% 미만의 것은 무시해도 상관없다고 볼 수 있다.

이제 진단 결과가 여러분 앞에 있다고 해 보자. 예를 들어 수학 과목의 미적분 단원에서 ⑦번 유형의 문제점이 고질적인 문제라고 밝혀졌다고 해 보자. 이 결과를 가지고 무슨 일을 할 것인가? 먼저 하루를 정해서 이날은 다른 것은 아무것도 하지 않고 오직 오답노트만 점검하는 날로 삼아야 한다. 다른 일로 방해받지 않고 오직 이 일 하나에만 매달린다는 것이 중요하다. 이 하루가 여러분의 공부 인생에서 가장 중요한 날 중 하나라는 인식이 필요하다.

그러고 나서 오답노트 중에서 그 유형에 해당하는 문제들만 처음부터 자세하게 살펴본다. 이때 중요한 것은 문제 그 자체가 아니라 그 문제를 풀 때의 내 생각의 흐름이다. 내 생각의 흐름에 어떤 잘못이 있었기에 정답에 이르지 못했는지 처음부터 차근차근 반성해 보는 것이다. 한 문제 한 문제씩 순차적으로 점검해 가다 보면 어느 순간 하나의 '깨달음'이 여러분의 뇌리를 스치게 될 것이다. 이 깨달음이 어떤 것일지는 내가 말할 수 없다. 그 깨달음은 여러분 각자 고유의 것이다. 다른 사람은 이해할 수 없는, 오직 여러분 각자만이 진정으로 이해할 수 있는 깨달음 말이다. 이 깨달음이 바로 '틀린 문제라는 스승'이 여러분에게 주는 궁극의 가르침인 것이다.

깨달음 이후

...

깨달음을 얻고 나면 모든 것이 끝나는 것일까? 그렇지 않을 것이다. 이 깨달음이 실제 공부에 도움이 되려면 후속 작업이 필요하다. 그렇다면 깨달음 이후에 무엇을 하는 것이 옳을까?

이 문제를 논하기 전에 잠깐 다른 문제로 넘어가 보자. 그것은 반복 학습의 문제다. 보다 정확하게 말하면 반복적 문제 풀이의 문제다. 나는 대부분의 사교육이 행하는 교육방식을 '실용주의 공부법'이라 칭하고 그 공부법의 두 축이 '선행 학습'과 '반복적 문제 풀기'라고 규정한다. 일찌감치 진도를 앞서 나가고 계속해서 문제 풀기 훈련을 함으로써 남들보다 앞서 교과 내용을 속속들이 소화하도록 만들자는 전략이다.

그런데 대부분의 학원들이 이 전략을 사용하고 있기 때문에 '남들보다 앞서'라는 부분은 일단 달성될 수 없다. 게다가 학원을 다니는 학생들 중에서 교과 내용을 속속들이 소화하는 학생이 얼마나 될 것인가 생각해 보면 이 목표도 결국 달성되기 힘들다는 것을 알 수 있다. 이렇게 선행 학습과 반복적 문제 풀기 전략이 성공하기 힘든 이유는 무엇일까? 나는 이미 그에 대한 답을 말한 바 있다. 그것은 바로 '공부한 내용을 자기 것으로 만드는 절대 시간'을 확보하지 못했기 때문이다. 이 절대 시간을 확보하지 않은 채 선행 학습을 하고 반복적으로 문제를 풀게 되면 아무리 많은 것을 공부해도 학생 속에 남아 있는 것은 별로 없게 되는 것이다.

그렇다면 선행 학습과 반복적 문제 풀기는 불필요한 것일까? 일단 선행 학습에 대해서 말한다면 한 학기 정도의 선행은 도움이 되지만 그것보다 너무 앞서 나가는 것은 투여한 노력과 시간 대비 비효율적이라는 것이 내 생각이다. 너무나 앞서 나가면 학교의 교과 내용과 너무 동떨어져 있어서 학교 수업과 선행 학습 내용이 따로 놀기 때문에 서로 아무런 도움을 줄 수 없게 된다. 이렇게 되면 공부 시간이 매우 비효율적으로 낭비되는 것이다.

그렇다면 반복적 문제 풀기는 어떠한가? 공부한 내용을 익히기 위해서 반복적으로 문제를 푸는 일은 꼭 필요하다. 그러나 반복적으로 문제를 풀어도 틀리는 문제는 계속해서 틀리는 현상이 나타난다면 무언가 문제가 있는 것이다. 반복적 문제 풀기가 효과를 얻기 위해서 필요한 단 한 가지 요소가 결여되면 나타나는 현상이다. 그 한 가지 요소가 무엇일까? 여기서 우리는 다시 앞서 말한 '깨달음' 이후에 무엇을 할 것인가 하는 문제로 되돌아가게 된다.

그 한 가지 요소는 바로 '깨달음'이다. 다른 말로 하면 '반성적 사고'다. 문제를 풀고 틀린 문제를 확인하고 나서 반성의 시간을 갖지 않은 채 또 문제 풀기만 반복하게 되면 정말 쓸데없이 시간만 낭비하는 셈이 된다. 그런데 우리는 지금까지 틀린 문제를 활용하는 방법과 오답노트 작성 요령, 그리고 마지막으로 진단과 평가를 통한 '깨달음'에 도달하는 과정까지 살펴보았다. 만약 이 과정을 거친 사람이라면 반복적 문제 풀기에서 꼭 필요한 반성적 사고, 성적 향상을 위해 꼭 필요한 깨달음의 단계를 거친 것이라 볼 수 있다.

따라서 원래의 물음으로 되돌아와서 "깨달음 이후에 무엇을 할 것인가?"에 대해 답을 내리자면 틀린 문제들을 다시 한 번 풀어 보라고 말할 수 있다. 말하자면 반복적 문제 풀기를 하라는 얘긴데, 이것과 앞에서 내가 비판한 반복적 문제 풀기 방식과의 결정적인 차이점은 바로 반성적 사고, '깨달음'의 유무다. 깨달음을 얻은 후의 반복적 문제 풀기는 쓸데없이 같은 일을 반복하는 것이 아니라 깨달음의 결과를 내 몸에 체화시키기 위해 하는 아주 효율적인 훈련이 되는 것이다.

틀린 문제를 다시 한 번 풀어 봄으로써 얻게 되는 것은 오답노트를 되돌아보면서 얻은 깨달음을 더 확실하게 내 것으로 만들 수 있다는 점이다. 문제를 풀면서, 오답노트를 작성하고 그것을 다시 점검하면서 반성한 내 생각의 흐름의 문제점을 염두에 둘 수 있다면 이제 그 문제는 결코 '틀린 문제'가 아니게 된다. 나에게 깨달음을 줄 뿐 아니라 깨달음을 체화시킬 수 있게 가르침을 주는 스승인 것이다.

여기서 한 걸음 더 나아가자면 틀린 문제와 유사한 문제들을 가지고 훈련을 계속하는 것이다. 유사한 문제라는 것은 이미 풀어 본 문제가 아니라 그것과 '비슷하지만 다른' 문제를 의미한다. 동일한 문제가 아니라 유사한 문제를 통해서 훈련을 계속하는 의미는 나의 깨달음이 약간의 상황 변화에 대처할 수 있는 것인지 확인함으로써 깨달음의 효과를 확장시킨다는 데 있다.

결국 깨달음 이후에 해야 할 일은 틀린 문제를 다시 한 번 풀어 봄으로써 깨달음을 체화시키고 유사한 문제를 풀어 봄으로써 깨달음의 효과를 확장하는 것으로 요약할 수 있다. 어떤 경우든 중요한 것은 문제 그 자체가 아니라 문제를 푸는 과정에서 진행되는 내 '생각의 흐름'이라는 점을 잊지 말자.

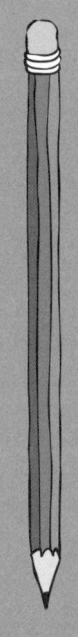

Part 3

과목별 틀린 문제
활용법

09 국어

국어 과목의 위상

• • •

앞서 나는 지식의 종류에 따라서, 다시 말해서 암기형 지식에 속하는가 사고형 지식에 속하는가에 따라 지식을 구분할 수 있고 그것을 다음과 같이 지식의 스펙트럼이라는 이름으로 소개했다.

사회탐구	과학탐구	외국어	국어	수학

위 스펙트럼의 왼쪽으로 갈수록 암기형 지식에 속하고 오른쪽으로 갈수록 사고형 지식에 속한다. 그런데 우리나라의 교육 현실을 고려하면 이 순서에 약간의 수정이 필요하다. 변화의 핵심은 수학

이다. 수학이라는 과목이 학문의 원래 성격으로 보면 순수한 사고에 가장 의존하는 학문이지만 우리 교육 현실에서 수학을 공부하는 많은 학생들도 수학을 마치 암기 과목처럼 공부하고 있다. 문제의 유형과 패턴을 암기하고 그 전형적인 해법까지 암기해 버린다. 그리고 이런 공부법이 어느 정도까지는 성과를 보장해 준다. 그래서 대한민국의 '입시 수학'은 가장 오른쪽에 위치하는 것이 아니라 중간에 위치해 있다고 볼 수 있다. 이에 따라 지식의 스펙트럼은 다음과 같이 수정된다.

사회탐구	과학탐구	(입시)수학	외국어	국어

이렇게 보면 국어 과목이 가장 오른쪽에 위치한다. 다시 말해서 모든 교과목 중에서 가장 사고형 지식에 속하는 것이 국어 과목이라는 것이다. 이에 대해서 반론을 제기할 사람도 있을 것이다. 물론 국어 과목 안에도 암기를 필요로 하는 영역이 분명히 존재한다. 문법 영역이 대표적이고 문학 영역에서도 배경 지식을 필요로 하는 경우도 많다. 그러나 그런 부분을 인정한다고 하더라도 국어 과목의 본질이 '글을 읽고 이해하는 능력'에 있음을 부인하는 사람은 없을 것이다.

과목별 학습법을 설명할 때 국어부터 시작하는 이유가 바로 여기에 있다. 글을 읽고 이해하는 능력, 다시 말해서 독해력이 국어 과목의 핵심이자 국어 과목을 공부하는 가장 궁극적인 이유고, 동시에 국어 과목을 제외한 다른 모든 과목에 가장 큰 영향을 미치는 역량이다. 나는 감히 다음과 같이 단언한다.

> 독해력이 뛰어난 학생은 적어도 다른 학생보다 30%는 앞서 있다.

라고 말이다. 여러분은 수학 선생님으로부터, 과학 선생님으로부터, 사회 선생님으로부터 다음과 같은 말들을 무수히 들었을 것이다.

"이 문제는 문제만 제대로 읽으면 누구나 다 풀 수 있는 문제입니다."

"문제에서 이 부분을 주목하지 않았기 때문에 틀린 겁니다."

"물리 문제 중 상당 부분은 사실 독해력 문제입니다."

"문제 중에서 이 부분이 어떤 개념과 관련되는지 혼동했기 때문에 틀린 겁니다."

"문제 속에 담겨진 조건을 이해하지 못했기 때문에 틀렸습니다."

이 모든 말들은 사실상 '독해력의 문제'를 지적하는 말들이다. 이렇듯 여러분이 공부하는 모든 과목에서 독해력은 점수와 직접 관련되는 가장 중요한 변수다. 그런데 독해력을 키우는 것을 본연의 과제로 삼는 공부는 오직 국어 과목이 유일하다. 따라서 국어는 단지 국어 시험을 잘 보기 위해서 공부하는 과목이 아니라 전반적인 학습 능력 향상을 위해 중요하게 취급하고 공부해야 하는 과목이 되는 것이다.

그래서 과목별 학습법은 먼저 국어 과목부터 시작해야 하는 것이고 그중에서도 특히 오직 독해력만을 요구하는 비문학 영역이 출발점으로 가장 적절하다.

비문학 문제의 특성과 틀리는 이유

· · ·

비문학 문제는 다음과 같은 구조로 이루어져 있다.

지문	문제
첫째 단락	1. 위 글의 중심 내용으로 가장 적절한 것은?
둘째 단락	2. 밑줄 친 ㉠이 의미하는 바로 옳은 것은?
셋째 단락	
넷째 단락	3. 위 글의 입장에 대해서 〈보기〉의 글쓴이가 반론을 제기할 때 가장 적절한 것은?
다섯째 단락	

하나의 지문에 세 개의 문제가 출제되어 있는 형식이다. 지문은

총 다섯 개 단락으로 구성되어 있다. 이것이 국어 비문학 문제의 전형적인 형식이다. 이 형식이 비문학 문제의 본질을 있는 그대로 보여 준다. 나는 비문학 문제를 다음과 같이 정의한다.

지문을 올바로 이해한 사람은 맞히고
지문을 올바로 이해하지 못한 사람은 틀리도록
고안된 문제

그러니까 관건은 '지문'을 올바로 이해하는 일이다. 이것만 제대로 하면 비문학 문제는 틀릴 이유가 없다. 그렇다면 지문이란 무엇인가? 지금까지 이 책을 읽어 온 사람이라면 이 질문에 어떻게 대답해야 할까? 그렇다. 지문은 '생각의 흐름'이다. 지문을 올바로 이해한다는 것은 지문 속에 담긴 생각의 흐름을 파악하는 것이다. 그이상도 이하도 아니다.

그렇다면 비문학 문제에서 틀리는 이유는 지문에 표현된 '생각의 흐름'을 파악하지 못했거나 잘못 파악했기 때문이다. 여기서 한가지 반드시 짚고 넘어가야 할 점이 있다. 비문학 문제는 지문 이외의 어떠한 배경 지식도 필요로 하지 않는다는 점이다. 단지 지문에 주어진 개념과 정보, 지식을 올바로 이해하기만 하면 된다. 이런 의미에서 비문학 문제는 순수하게 생각의 흐름만을 평가 대상으로 삼는다고 할 수 있다. 따라서 앞에서 정리한 틀리는 유형 중에서 다음 세 가지에 수정이 필요하다.

❹ 적절한 개념(누락된 요소)을 이끌어 내지 못했거나 오해한 경우

❺ 적절한 원리(누락된 요소)를 이끌어 내지 못했거나 오해한 경우

❻ 요소와 요소를 연결시켜 주는 '생각'에 오류가 있는 경우

이 세 가지 유형은 모두 암기형 지식을 전제로 한 유형이다. 즉 문제를 풀기 위해 미리 공부해 둔 개념과 원리 그리고 사례에 대한 일정한 지식을 전제로 할 때 성립되는 유형이다. 그런데 비문학 문제는 그러한 배경 지식을 전혀 사용하지 않기 때문에 세 가지 유형을 다음과 같이 수정해야 한다.

❹ 지문의 중심 생각을 올바로 파악하지 못한 경우

❺ 각 단락의 중심 생각과 전체 지문 속에서 중심 생각의 기능을 파악하지 못한 경우

❻ 특정 단락의 세부 내용을 올바로 파악하지 못한 경우

이 세 가지는 모두 지문에 표현된 '생각의 흐름'을 제대로 파악하지 못한 경우에 해당된다. 나는 독해력 분야에 관해서 오랜 세월 동안 연구해 왔기 때문에 이 세 가지 유형에 대해서 설명하자고만 해도 몇 권의 책을 쓸 수 있고 또 실제로 많은 책을 썼다. 그러나 여

러분이 읽고 있는 이 책은 국어나 독해력 교재가 아니기 때문에 상세한 설명은 생략하고 틀린 문제에 대한 대책에만 초점을 맞추겠다. 조만간 고등학생들을 위한 적절한 독해력 훈련 교재를 출간할 것을 약속하겠으니 아쉬운 점이 있어도 조금만 참아 주기 바란다.

틀리는 유형과 지문의 성격

• • •

국어 과목과 비문학 영역에 대한 설명이 많이 길어졌다. 이제 이 책의 주제로 돌아와 틀린 문제를 어떻게 활용할 것인지, 보다 구체적으로 비문학 문제의 경우 오답노트를 어떻게 작성해야 하는지 알아보자. 앞서 비문학 문제에서 틀리는 이유 세 가지를 제시했는데 이번에는 지문의 성격에 초점을 맞추어 보자. 학생들이 어려워하는 지문은 딱 두 가지다. 이 두 가지 이외의 다른 지문에서도 틀릴 수 있지만 많은 학생들이 어려워해서 오답률이 높게 나오는 지문은 다음 두 가지로 요약된다.

❶ 난해한 지문
❷ 정보의 양이 많은 지문

난해한 지문은 한마디로 말해서 글을 열심히 읽었지만 읽고 나서 도통 무슨 얘긴지 모르는 지문을 말한다. 대개 추상적이고 철학적인 주제를 담고 있는 글들이 여기에 속한다. 정보의 양이 많은 지문은 말 그대로 지문 안에 담긴 정보의 양이 많고 복잡해서 문제를 풀 때 지문의 어떤 부분을 근거로 해서 답을 찾아야 하는지 헷갈린다. 대개 과학기술 지문 중에 이런 지문이 많다.

이 두 가지 지문과 앞에서 말한 틀리는 이유 사이에는 일정한 상관관계가 있다. 난해한 지문에서 틀리는 이유는 대개 ④번이다. 즉 난해한 지문의 경우에는 글 전체의 중심 생각을 파악하지 못해서 틀리는 경우가 많다. 정보의 양이 많은 지문에서 틀리는 이유는 대개 ⑥번이다. 다시 말해 정보의 양이 많은 지문에서는 특정 단락의 세부 내용을 올바로 파악하지 못해서 틀리는 경우가 많다는 얘기다. ⑤번은 난해한 지문에서도, 정보의 양이 많은 지문에서도 나올 수 있는 유형이다. 구체적인 문제들을 가지고 알아보자.

난해한 지문 대처법

• • •

먼저 난해한 지문에 대한 대처법을 알아보자. 다음 문제를 반드시 자신의 힘으로 풀어 보고 나서 이어지는 설명을 보기 바란다. 풀지 않고 보면 아무 소용이 없다.

다음 글을 읽고 물음에 답하시오. [2013 고3 3월 학평(서울)]

　　근대 철학의 포문을 연 데카르트와 그 후예들의 문제 설정의 중심에는 '주체'라는 개념이 자리 잡고 있었다. 그러나 근대 철학은 헤겔 이후 도전에 직면하였으며, 특히 인간을 모든 것의 중심에 놓는 근대 철학의 지배적 이념이 그 비판의 대상이 되었다.

　　근대 철학에 대한 대표적인 비판으로 환경론자들의 주장을 들 수 있다. 환경론자들에 의하면 근대 철학은 이분법적 사고방식에 근거하여 인간을 주체로, 자연을 인간에 의해 인식되고 지배되는 대상으로 파악하였다. 그 결과 인간이 자연의 지배자라는 부당한 이념을 유포시켰다고 주장한다.

　　환경론자들은 근대를 주도하고 지배하던, 그리고 오늘날에도 여전히 그 위세를 떨치고 있는 과학기술주의에 주목하였다. 과학기술주의는 근대 철학의 영향으로 자연을 수량화와 계산을 통해 언제나 이용할 수 있는 자원의 창고로 바라보았다. 그 결과 자연 파괴는 물론 그 속에 존재하는 인간의 삶에 전반적인 위기를 초래하였다는 것이 환경론자들의 주장이다.

　　이러한 환경론자의 비판에 철학적 기초를 제공한 현대 철학자로 하이데거를 들 수 있다. 그에 의하면 근대 철학의 근본적 특징은 인간 중심주의이자 이성 중심주의이다. 이는 존재하는 모든 것을 인간에 의해 인식되고 파악되고 지배될 수 있는 대상으로 만드는 계산적 사유에 근거한다. 즉 ㉠계산적 사유로서의 이성은 모든 ㉡'존재하는 것(존재자)'을 '주체'인 인간의 지배 대상으로 전락시켰으며, 이로 인해 존재자의 본원적인 존재 의미는 사라져 버렸다는 것이다.

하이데거는 존재자 본연의 존재 의미를 성찰하면서 새로운 사유의 지평을 열었다. 그는 존재자들이 전체 속에서 의미 있게 결합되어 있는 관계로 존재한다고 하면서, 존재자는 그러한 관계로부터 분리될 수 없으며 또한 그 전체 연관성 속에서 그 어떤 것으로도 대체될 수 없는 유일성을 갖는다고 주장하였다.

글쓴이가 윗글에서 〈보기〉를 활용한다고 할 때, 그 방안으로 가장 적절한 것은?

───── 〈 보 기 〉 ─────

근대 철학에서 '주체'는 사유하고 지각하는 존재로서 의식의 단일성과 통일성을 갖추고 있는 것으로 이해되었다. 그러나 프로이트는 충동과 욕망 같은 '무의식'이 인간의 사고와 행동에 지배적 영향을 미친다고 주장하였다.

① 하이데거의 '존재자' 개념의 타당성을 확보한다.
② 근대 철학의 '주체' 개념을 비판하는 논거로 삼는다.

③ 근대 철학에서 ‘주체’ 개념이 변화해 온 과정과 배경을 밝힌다.

④ 근대 철학의 관점에서 하이데거의 비판을 재반박하는 논거로 삼는다.

⑤ 하이데거의 ‘새로운 사유’가 프로이트의 ‘무의식’ 개념에 근거하고 있음을 입증한다.

참으로 난해한 지문이다. 특히 추상적인 개념을 접할 기회가 적은 고등학생 수준에서 보면 더욱 그러하다. 이러한 난해한 지문에 대처하는 방법으로 가장 적절한 것이 바로 ‘생각의 흐름’을 쫓아가는 방법이다. 나는 이렇게 생각의 흐름을 쫓는 독해법을 『도미노 공부법』에서 ‘하늘에서 보기 독해법’이라고 소개한 바 있다. 숲 속에서 길을 잃은 사람이 목적지를 찾아가는 방법을 비유하면서 이 독해법의 의미를 설명했다. 이때 가장 현명한 방법은 높은 나무 위에 올라가서 숲의 모양, 크기 그리고 목적지 방향을 가늠하고 길을 찾아가는 방법이다. 숲의 세부적인 부분에 집착하다 보면 길을 잃게 마련이지만 숲의 전체적인 구조와 목적지의 방향을 알게 되면 길을 잃지 않는다는 논리다.

‘하늘에서 보기 독해법’의 유용성은 실로 엄청나다. 조만간 이를 주요 내용으로 하는 독해력 교재를 출간할 것을 다시 한 번 약속하며 여기서는 간략하게 소개하는 것으로 대신하겠다. 하늘에서 보기 독해법, 즉 글의 생각의 흐름을 쫓아가는 독해법은 다음 두 가지 요소를 통해 이루어진다.

❶ 중심 생각(글의 성격과 중심 화제)의 파악
❷ 단락별 중심 생각과 기능의 파악

우리가 숲 속에서 길을 잃었을 때 나침반과 이정표만 있으면 길을 찾아가는 데 어려움이 없을 것이다. ①이 말하자면 나침반 같은 역할을 하는 것이라면 ②는 길의 중간중간에 위치한 이정표 같은 역할을 하는 것이다. 앞의 지문에서 이 두 가지 요소를 찾아보자.

비문학 독해와 관련해서 내가 학생들에게 먼저 강조하는 것이 바로 첫째 단락의 중요성이다. 그 이유는 첫째 단락에 ①번 요소, 즉 글의 성격과 중심 화제가 나오기 때문이다. 거의 예외 없이 적용되는 원칙이다. 이제 지문의 첫째 단락을 보자. 여기서 발견할 수 있는 이 글의 중심 화제가 무엇일까? 주요 어구들을 살펴보니

근대 철학, '주체'라는 개념, 헤겔, 도전에 직면, 인간,
근대 철학의 지배적 이념, 비판의 대상

정도다. 이 중에서 중심 화제의 후보를 한번 나열해 보자.

❶ 근대 철학

❷ '주체'라는 개념

❸ 비판의 대상

　무엇이 중심 화제일까? ③번이다. 이 글은 근대 철학을 소개하는 글이 아니라 근대 철학에 대한 비판, 그중에서도 근대 철학의 지배적 이념에 대한 비판을 소개하는 글이다. 중심 화제와 글의 성격을 이렇게 파악하고 나면 나침반은 손에 쥔 셈이다. 생각의 흐름이 지향하는 방향은 근대 철학의 지배적 이념인 '주체'나 '인간'에 대한 비판적 견해를 소개하는 것이다.

　이렇게 나침반을 손에 넣었으면 길을 가면서 중요한 이정표들을 확인하는 일이 남았다. 지문의 각 단락과 기능을 정리해 보면 다음과 같다.

단락	단락의 중심 내용	단락의 기능
1	근대 철학의 지배적 이념에 대한 비판	중심 화제, 글의 성격
2	환경론자들의 비판, 이분법적 사고(주체-대상), 인간이 자연의 지배자라는 부당한 이념	견해 소개
3	과학기술주의 ➡ 자연 파괴, 삶의 위기 초래함	견해 소개 확대
4	비판의 철학적 기초, 하이데거, 주체 ➡ 존재자의 본원적 의미 사라짐	견해의 철학적 기초 소개
5	새로운 사유의 지평	철학사적 의미

둘째, 셋째 단락은 근대 철학의 지배적 이념에 대한 비판적 견해인 환경론자들의 주장을 소개하는 기능을 하고 있고 넷째, 다섯째 단락은 그 철학적 기초를 이루는 하이데거의 견해를 소개하고 철학사적 의미를 논하고 있다. 이 모든 단락을 관통하는 중심 개념은 '주체'라는 근대 철학의 지배적 이념이다.

이렇게 정리하고 나서 문제와 〈보기〉의 내용을 보자. 먼저 문제를 보면 '글쓴이'의 입장에서 〈보기〉를 활용하라는 것이 중요하다. 다시 말해서 이 문제는 이 글의 성격과 중심 화제에 대한 이해를 전제로 한 문제다. 이 글이 근대 철학의 지배적 이념(주체, 인간)에 대한 비판적 견해를 소개하는 글임을 파악했다면 〈보기〉의 내용을 검토하지 않고서도 ②번과 ④번 중에 정답이 있다는 것은 쉽게 짐작할 수 있다. 왜냐하면 이 글의 성격과 중심 화제에 관련된 선택지는 ②번과 ④번밖에 없기 때문이다. 나머지 선택지들은 이 글의 성격과 관련이 없거나(③번) 글의 내용 중 지엽적인 내용과 관련된 것(①번, ⑤번)이기 때문이다. 글의 성격과 중심 화제를 파악했다면 망설임 없이 ①, ③, ⑤번은 일찌감치 답에서 제외할 수 있다.

이것이 바로 '생각의 흐름'을 읽는 독해법의 위력이다. 이렇게 지문의 내용이 난해한 경우에 문제는 다소 쉽게 출제되는 경향이 있다. 그래서 글의 중심 생각만 파악할 수 있다면 문제는 의외로 아주 쉽게 해결할 수 있는 경우가 대부분이다. 바로 이 문제가 그런 경우에 해당한다.

이제 ②번과 ④번 중에 정답을 고르는 문제가 남아 있다. 이에 대한 판단은 〈보기〉의 내용을 근거로 삼아 이루어진다. 〈보기〉에서 소개되고 있는 프로이트의 입장이 근대 철학에 대한 비판인지 아니면 하이데거의 입장에 대한 비판인지만 파악하면 답을 고를 수 있다. 이런 기준에서 보면 프로이트의 견해는 근대 철학의 '주체' 개념에 대한 비판적 의견임을 쉽게 파악할 수 있다. 물론 '주체' 개념을 비판하는 이유가 하이데거와 다른 이유(무의식의 영향력)이기는 하지만 프로이트는 근대 철학의 '주체' 개념을 비판하고 있다. 〈보기〉의 내용에서 프로이트가 하이데거에 반대하는 의견을 가지고 있다고 볼 근거는 없다. 따라서 정답은 ④번이 아니라 ②번이 된다.

④번을 답으로 고른 사람은 일단 〈보기〉에서 프로이트 견해의 의미를 제대로 파악하지 못해서 틀렸다고 볼 수 있다. 그런데 가만히 생각해 보면 〈보기〉의 내용을 제대로 파악하지 못했다는 얘기는 지문 독해가 완벽하지 않았다는 증거기도 하다. 지문의 성격이 '비판을 소개하는 글'이라는 점은 알았지만 그 비판의 대상과 비판의 이유에 대해서 정확하게 독해하지 못했기 때문에 〈보기〉의 의미를 제대로 파악하지 못했다고 보는 것이 더 개연성이 높다. 그래서 ④번을 답으로 고른 사람이 틀린 이유를 놓고 보면 외형적으로는 문제에서 주어진 〈보기〉의 의미를 이해하지 못한 것(틀리는 유형 ②)이라 할 수 있지만 그 내면에는 지문의 중심 생각을 철저히 읽어 내지 못한 것(틀리는 유형 ④)라고 볼 수 있다.

오답노트

• • •

이 문제에서 ①, ③, ⑤번 중 하나를 고른 학생은 지문 독해에 실패한 것이다. 이 학생의 오답노트는 다음과 같은 형식이 될 것이다.

과목	국어	교재	2013 학평	문제	18번	유형	④

지문 독해 실패, 글의 중심 생각 파악 실패.
지문의 내용을 파악하지 못해서 〈보기〉를 어떻게 해석해야 할지 모름.
그래서 자신 없이 아무 선택지나 고르게 되었음.

첫째 단락에서 글의 성격과 중심 화제를 파악하지 못했음. → 반성!!
지문에 나오는 추상적인 개념들 때문에 지문 독해에 어려움을 느꼈음.
단락의 중심 생각과 기능을 파악하려 했다면 추상적인 개념들에 흔들리지
않고 '생각의 흐름'을 쫓아갈 수 있었을 텐데...

2부에서 설명했듯이 위쪽 칸은 실수에 대한 정확한 진술이고 아래쪽 칸은 실수에 대한 냉정한 평가다. 물론 위의 오답노트는 하나의 샘플일 뿐이다. 여러분의 오답노트가 꼭 위와 같아야 할 필요는 없다. 더구나 아래 칸에 나와 있는 실수에 대한 평가는 각자 자신만의 생각이 있을 것이니 그것을 적으면 된다. 중요한 것은 '자신의 실수에 대해서 평가를 해 보는 일' 자체가 틀린 문제를 스승으로 삼게 되는 계기라는 점이다.

④번을 답으로 고른 학생의 오답노트는 아래와 같은 형식이 될 것이다.

과목	국어	교재	2013 학평	문제	18번	유형	②

〈보기〉에서 프로이트의 견해가 근대 철학을 비판하는 입장이라는 점을 제대로 파악하지 못했음.

지문의 성격이 '비판을 소개하는 글'이라는 점은 파악했지만 비판의 구체적인 대상이 '주체' 개념이라는 점과 어떤 이유에서 비판을 하는 것인지를 정확하게 파악하지 못했다.
그래서 〈보기〉의 내용이 지문과 관련해서 어떤 의미를 지니는지 제대로 이해하지 못하고 선택지에서 가장 그럴 듯한 것을 답으로 골랐다.

만약 이렇게 오답노트를 작성했다면 이 학생은 문제에서 틀린 이유가 외형적으로는 〈보기〉의 내용을 잘못 파악한 것이지만 사실상 지문 독해가 완벽하지 않아서 그렇다는 점을 깨달은 것으로 보인다.

정보의 양이 많은 지문 대처법

• • •

이제 정보의 양이 많은 지문에 대한 대처법을 알아보자. 이번에도 역시 다음 문제를 반드시 자신의 힘으로 풀어 보고 나서 이어지

는 설명을 보기 바란다. 다시 한 번 말하지만 풀지 않고 보면 아무
소용이 없다.

다음 글을 읽고 물음에 답하시오. [2013 고3 6월 모평]

> 플래시 메모리는 수많
> 은 스위치들로 이루어지는
> 데, 각 스위치에 0 또는 1을
> 저장한다. 디지털 카메라
>
>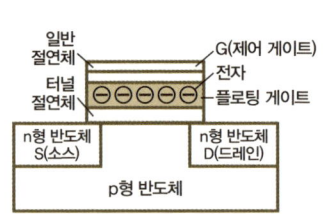
>
> 에서 사진 한 장은 수백만 개 이상의 스위치를 켜고 끄는 방식으
> 로 플래시 메모리에 저장된다. 메모리에서는 1비트의 정보를 기억
> 하는 이 스위치를 셀이라고 한다. 플래시 메모리에서 셀은 그림과
> 같은 구조의 트랜지스터 한 개로 이루어져 있다. 플로팅 게이트에
> 전자가 들어 있는 상태를 1, 들어 있지 않은 상태를 0이라고 정의
> 한다.
>
> 플래시 메모리에서 데이터를 읽을 때는 그림의 반도체 D에 3V
> 의 양(+)의 전압을 가한다. 그러면 다른 한쪽의 반도체인 S로부
> 터 전자들이 D쪽으로 이끌리게 된다. 플로팅 게이트에 전자가 들
> 어 있을 때는 S로부터 오는 전자와 플로팅 게이트에 있는 전자가
> 마치 자석의 같은 극처럼 서로 반발하기 때문에 전자가 흐르기 힘

들다. 한편 플로팅 게이트에 전자가 없는 상태에서는 S와 D 사이에 전자가 흐르기 쉽다. 이렇게 전자의 흐름 여부, 즉 S와 D 사이에 전류가 흐르는가로 셀의 값이 1인지 0인지를 판단한다.

플래시 메모리에서는 두 가지 과정을 거쳐 데이터가 저장된다. 일단 데이터를 지우는 과정이 필요하다. 데이터 지우기는 여러 개의 셀이 연결된 블록 단위로 이루어진다. 블록에 포함된 모든 셀마다 G에 0V, p형 반도체에 약 20V의 양의 전압을 가하면, 플로팅 게이트에 전자가 있는 경우, 그 전자가 터널 절연체를 넘어 p형 반도체로 이동한다. 반면 전자가 없는 경우는 플로팅 게이트에 변화가 없다. 따라서 해당 블록의 모든 셀은 0의 상태가 된다. 터널 절연체는 전류 흐름을 항상 차단하는 일반 절연체와는 다르게 일정 이상의 전압이 가해졌을 때는 전자를 통과시킨다.

이와 같은 과정을 거친 후에야 데이터 쓰기가 가능하다. 데이터를 저장하려면 1을 쓰려는 셀의 G에 약 20V, p형 반도체에는 0V의 전압을 가한다. 그러면 p형 반도체에 있던 전자들이 터널 절연체를 넘어 플로팅 게이트로 들어가 저장된다. 이것이 1의 상태이다.

플래시 메모리는 EPROM과 EEPROM의 장점을 취하여 만든 메모리이다. EPROM은 한 개의 트랜지스터로 셀을 구성하여 셀 면적이 작은 반면, 데이터를 지울 때 칩을 떼어 내어 자외선으로 소거해야 한다는 단점이 있다. EEPROM은 전기를 이용하여 간편하게 데이터를 지울 수 있지만, 셀 하나당 두 개의 트랜지스터가 필요하다. 플래시 메모리는 한 개의 트랜지스터로 셀을 구성하며, 전기적으로 데이터를 쓰고 지울 수 있다. 한편 메모리는 전원 차단 시에 데이터의 보존 유무에 따라 휘발성과 비휘발성 메모리로 구분되는데, 플래시 메모리는 플로팅 게이트가 절연체로 둘러싸여 있기 때문에 전원을 꺼도 1이나 0의 상태가 유지되므로 비휘발성 메모리이다. 이런 장점 때문에 휴대용 디지털 장치는 주로 플래시 메모리를 이용하여 데이터를 저장한다.

1. 윗글과 〈보기〉에 따라 플래시 메모리의 데이터 〈10〉을 〈01〉로 수정하려고 할 때, 단계별로 전압이 가해질 위치가 옳은 것은?

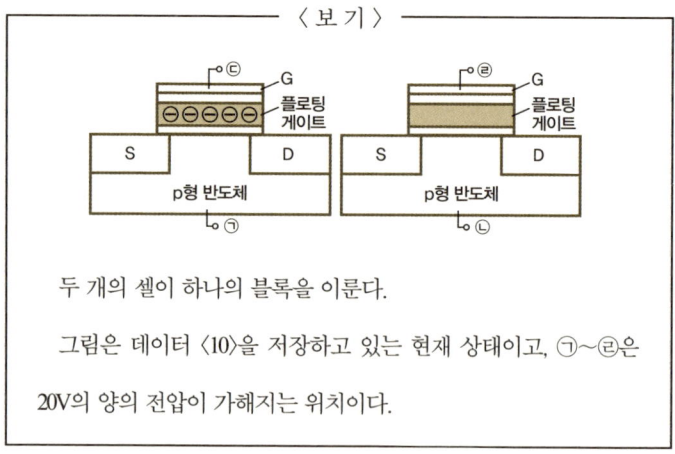

두 개의 셀이 하나의 블록을 이룬다.
그림은 데이터 〈10〉을 저장하고 있는 현재 상태이고, ㉠~㉣은 20V의 양의 전압이 가해지는 위치이다.

	1 단계	2 단계
①	㉠	㉢
②	㉢	㉡
③	㉠과 ㉡	㉣
④	㉡과 ㉢	㉣
⑤	㉢과 ㉣	㉡

이 지문도 상당히 어려운 지문이다. 그런데 어려운 이유가 앞서 공부한 난해한 지문과 다르다. 앞의 지문은 추상적이고 어려운 개념들이 등장해서 어려운 반면 이 지문은 너무나 많은 내용들 때문에 어렵다. 어떤 쪽이 더 어려운가? 사람마다 다를 것이지만 나는 개인적으로 이 두 번째 지문이 더 어렵다. 왜냐하면 난해한 지문은 '생각의 흐름'만 잡게 되면 의외로 쉽게 독해가 되지만 이렇게 정보의 양이 많은 지문은 한 호흡으로 '생각의 흐름'을 이어 갈 수가 없다. 읽으면서 머릿속에서 처리해야 할 것들이 많기 때문에 자꾸 '흐름'이 끊기게 된다. 그러나 '하늘에서 보기 독해법'은 이러한 지문도 처리할 수 있게 해준다.

먼저 첫째 단락의 내용을 살펴보자. 이 글은 볼 것도 없이 설명하는 글이다. 그리고 설명의 대상, 즉 중심 화제는 '플래시 메모리의 셀' 혹은 '플래시 메모리의 셀의 작동 원리'가 될 것이다. 이후의 단락은 이 작동 원리를 상세하게 설명하는 내용들로 이루어질 것이 분명하다. 이렇게 나침반을 손에 넣었으면 이제 이정표, 즉 각 단락의 중심 내용과 기능에 대해서 알아보자.

단락	단락의 중심내용	단락의 기능
1	플래시 메모리의 셀, 1과 0의 정의	중심 화제, 글의 성격
2	플래시 메모리에서 데이터를 읽는 방법	원리 설명
3	데이터 저장과정 1 – 지우는 과정	원리 설명 ①
4	데이터 저장과정 2 – 쓰는 과정	원리 설명 ②
5	플래시 메모리의 장점	비교 설명

이와 같이 특정한 대상에 대해서 설명하는 글은 이 지문처럼 '열거형 설명'인 경우가 대부분이다. 견해를 소개하는 글처럼 생각의 흐름이 연속적으로 흘러가는 것이 아니라 하나씩 짚어 나가는 방식으로 제시되고 있다. 이런 경우 각 단락은 '이정표'라기보다 '주소'라고 표현하는 것이 더 적절하다. 특정 문제를 풀기 위해서는 특정 단락을 지목해서 그 안에 있는 구체적 내용을 찾아가야 하기 때문이다.

이렇게 정리하고 문제를 읽어 보니 단락의 중심 생각과 기능을 정리한 것이 위력을 발휘한다. 문제는 '플래시 메모리의 데이터 〈10〉을 〈01〉로 수정하려고 할 때, 단계별로 전압이 가해질 위치'를 묻고 있다. 단락의 중심 내용과 기능을 정리했다면 이 문제를 풀기 위해 필요한 부분은 지문의 셋째, 넷째 단락뿐이라는 것을 알게 될 것이다. 다른 단락의 내용들은 이 문제를 풀기 위해서는 전혀 필요 없다. 그리고 단락의 내용을 분석하면서 셋째 단락과 넷째 단락이 서로 연관된 내용이라는 것도 알았다. 그래서 데이터를 지우는 과정은 셋째 단락을, 데이터를 새로 쓰는 과정은 넷째 단락을 참조하면 된다는 점도 파악할 수 있다.

〈보기〉의 내용을 보면 ㉠~㉣이 20V의 양의 전압이 가해지는 부분이기 때문에 결국 이 문제는 셋째 단락에서 전압 20V가 가해지는 부분이 어디고 넷째 단락에서 전압 20V가 가해지는 부분이 어디인지만 찾아내면 답을 맞힐 수 있다. 셋째 단락에서 'p형 반도체'에 20V 전압을 가한다는 점을 찾을 수 있고, 넷째 단락에서 '셀의 G'에 20V의 전압이 가해진다는 점을 찾을 수 있다. 그렇다면 답은 ①번 아니면 ③번이다. ①과 ③을 제외한 다른 선지를 답으로 고른 사람들은 지문 읽기를 포기하고 그냥 아무 선지나 찍었다고 봐야 한다. 이 문제에서 ①번을 답으로 고른 비율은 38.3%이고 ③번을 답으로 고른 비율은 40.4%이다. ③번이 정답이고 ①번이 오답이다. 정답과 오답이 거의 비슷한 비율로 선택된 문제다.

이는 실제로 놀라운 결과다. 왜냐하면 셋째 단락에 명백히 '데이터 지우기는 여러 개의 셀이 연결된 블록 단위로' 이루어져서 '블록에 포함된 모든 셀마다' 전압을 가해 줘야 한다고 나와 있기 때문이다. ①번을 답으로 고른 사람들은 이 명백한 표현이 눈에 들어오지 않았던 것이다. 왜 이런 일이 벌어진 것일까?

〈보기〉에서 ㉠~㉣이 20V의 양의 전압이 가해지는 부분이라는 것을 보고 지문에서 20V의 전압이 가해지는 부분만 찾아서 성급하게 답을 골랐기 때문이다. 애초에 지문을 읽을 때 각 단락의 기능과 중심 내용을 염두에 두고 읽지 않았기 때문에 나타난 결과다. 이를 염두에 두고 읽었다면 셋째 단락과 넷째 단락이 서로 관련된 단락이기 때문에 두 단락의 내용을 '비교해 가면서' 독해를 해야 한다는 사실을 알았을 것이고 당연히 지울 때는 '블록 단위로' 하고 쓸 때는 '셀 단위'로 한다는 점을 파악할 수 있었을 것이다. ①번을 답으로 고른 사람은 특정 단락의 세부적인 내용을 파악하지 못한 실수(틀리는 유형 ⑥)를 범한 것인데, 사실상 그 이전에 단락의 기능을 제대로 파악하지 못했기 때문에(틀리는 유형 ⑤) 이런 실수가 나온 것이다.

오답노트

· · ·

이번 문제에서 ②, ④, ⑤번 중 하나를 고른 학생은 지문 독해에 완전히 실패하고 제대로 답을 고르기를 포기한 셈이다. 이 학생의 오답노트는 다음과 같은 형식일 것이다.

과목	국어	교재	2013 모평	문제	18번	유형	④⑤

지문 독해 실패
지문의 내용이 너무 복잡해서 독해를 포기하고 그냥 찍었음.

적어도 각 단락에서 어떤 내용을 담고 있는지만 파악했더라면
셋째, 넷째 단락만 보고서 답을 찾을 수 있다는 점을 알았을 것이다.
정보의 양이 많은 지문에서 단락별 중심 생각과 기능을 파악하는 것이
얼마나 중요한지 깨달았음.

그리고 ①번을 답으로 고른 학생의 오답노트는 아래와 같은 형식이 될 것이다.

과목	국어	교재	2013 학평	문제	18번	유형	⑤⑥

데이터를 지울 때는 블록 단위로 전압을 가해 줘야 한다는 점을
파악하지 못함.

지문의 세부적인 내용에 주목하지 못하고 그냥 〈보기〉에 나온 단서만
가지고 성급하게 답을 골랐다.
셋째 단락과 넷째 단락의 내용이 상호 연관되어 있어서 두 단락의
내용을 비교해 가면서 읽어야 했는데 그러지 못했다.

만약 이렇게 오답노트를 작성했다면 이 학생은 문제에서 틀린
이유가 일차적으로는 특정 단락의 세부적인 내용을 파악하지 못한
것이지만 사실상 단락의 기능과 중심 내용을 파악하지 않고 독해
한 것이 결정적인 이유였음을 깨달은 것이다.

문학 문제의 특성과 오답노트

...

이제 국어 과목 중 문학 영역에 대해서 알아볼 차례다. 일단 여기서는 고전 문학에 대해서는 다루지 않겠다. 고전 문학은 고어 표현법, 형식적 특성, 시대적 배경 등등에 관해서 일정한 배경 지식을 요구하고 있는데 그런 부분을 몰라서 틀린 경우는 사탐 과목처럼 암기형 지식이 부족한 경우로 취급하면 되고 주제나 정서에 관한 문제는 현대 문학의 방법을 응용하면 되기 때문이다. 그래서 일단 현대 문학에 국한해서 살펴보겠다.

먼저 문학과 비문학의 차이에 대해서 알아보자. 지금까지 비문학을 '생각의 흐름'이라는 관점에서 살펴보았다. 그렇다면 문학도 이 관점에서 분석할 수 있을까? 일단 그렇다고 대답할 수 있지만 몇 가지 단서 조항이 따른다. 비문학에서 접하는 글들은 크게 보아 의견을 전달하는 글 아니면 사실을 전달하는 글로 나눌 수 있다. 앞의 것을 논설문이라고 부르고 뒤의 것을 설명문이라고 부른다. 이 의견과 사실이 바로 '생각의 흐름'을 구성하는 것이다. 생각의 흐름 끝에서 만나는 것은 결국 의견 아니면 사실이다. 그런데 문학에서 생각의 흐름을 구성하는 것은 의견이나 사실이 아니다. 그럼 무엇일까? 소설과 시로 나누어 살펴보자.

소설가가 소설을 통해 독자들에게 전달하고자 하는 것이 무엇일까? 일단 '사실'은 아닐 것이다. 그렇다고 '의견'이라고 할 수도 없다. 톨스토이가 "전쟁은 나쁘고 평화는 좋다"라는 의견을 전달하기 위해서 그 방대한 양의 소설 『전쟁과 평화』를 썼다고 볼 수는 없는 노릇이다. 소설가는 자신이 살면서 느낀 인생의 의미를 소설에 담는다. 그래서 그 의미를 독자들과 공감하고자 한다. 이를 대개는 '주제 의식'이라고 표현하는데, 나는 '의미'라는 말을 더 선호한다. 비문학에서 얘기했던 '의견'이나 '사실'과 대비해 볼 때 문학 작품의 특징을 더 잘 표현해 주기 때문이다.

의미를 전달한다는 것은 그 전달 과정이 사실이나 의견의 전달에 비해 간접적이다. 의견이나 사실을 전달할 때는 가급적 오해의 소지가 없도록 논리적인 표현 방식을 사용한다. 그런데 의미를 이렇게 직접 전달하면 묘미가 반감된다. 삶의 의미는 머리로만 이해하는 것이 아니라 감정에 호소하는 경우도 적지 않기 때문이다. 그래서 소설가는 소설이 지닌 형식적 측면을 적극 활용하여 독자의 공감대를 유도한다. 여기서 말하는 형식적 측면은 흔히 구성과 문체를 말한다. 독자들은 소설가가 만들어 놓은 인물과 사건의 설정 속으로 빠져들고 작가의 독특한 문체에 매료되면서 그 안에 담긴 삶의 의미에 공감하게 되는 것이다.

이렇게 볼 때 소설에서의 '생각의 흐름'은 결국 소설가가 독자와 공감하고 싶은 삶의 의미로 귀결된다. 그런데 그 과정이 매우 역동적이다. 이 역동적인 과정을 나는 다음과 같이 표현한다.

인물이 상황 속으로 들어가 사건을 일으킨다.

매우 단순한 문장이지만 이 문장 속에 소설 구성의 모든 것이 들어 있다. 이 문장 안에는 세 가지 질문이 들어 있다. 어떤 인물인가? 어떤 상황인가? 어떤 사건을 일으키는가? 이 세 가지의 조합을 통해 무궁무진한 얘기가 만들어진다. 똑같은 상황이라도 인물이 어떤 인물이냐에 따라 사건의 전개가 달라진다. 같은 인물이라도 상황이 달라지면 또 사건이 다르게 전개된다. 어떤 인물이 어떤 상황에서 어떤 사건을 일으키는가에 따라 그 소설의 주제 의식이 결정되고 소설가가 독자와 공감하고 싶은 삶의 의미가 만들어지는 것이다.

이렇게 볼 때 틀리는 유형의 ④, ⑤, ⑥번은 소설의 경우에 다음과 같이 수정되어야 한다.

❹ 소설의 구성과 문체상의 특징을 파악하지 못한 경우

❺ 인물과 사건의 의미를 파악하지 못한 경우

❻ 인물과 사건의 의미로부터 주제 의식을 올바로 이끌어 내지 못한 경우

소설에서 전달하고자 하는 것이 '의미'였다면 시의 경우에는 '정서'라고 표현할 수 있다. 그런데 이 정서라는 것은 의미에 비해 더

욱더 표현 방식이 중요하다. 의미는 이성과 감정 모두에 호소하는 것이지만 정서는 보다 더 감정에 치우친 것이다. 그래서 그것을 어떻게 표현하고 어떻게 전달하느냐가 매우 중요한 문제가 된다. 그래서 시를 감상할 때는 수사법과 같은 표현 양식을 염두에 두는 것이 결정적인 역할을 한다.

결국 시를 감상하는 핵심은 어떤 정서가 어떤 표현 방식에 의해 전달되고 있는지를 파악하는 일이다. 일단 어떤 정서인가를 파악하는 핵심은 그 정서가 '시적 화자'의 내면을 향한 것인가 아니면 어떤 '대상'을 향한 것인가를 판단하는 것이다. 예를 들어 '군중 속의 고독'이라면 시적 화자의 내면을 향한 것이고 '고향에 대한 그리움'이라면 대상을 향한 것이다. 그리고 어떤 표현 방식이 사용되고 있는가의 핵심은 '시어'의 의미와 기능을 파악하는 일이다. 흔히 말하는 수사법이라는 것도 '시어'의 의미와 기능을 이해하기 위한 도구라고 보면 된다.

'생각의 흐름'을 기준으로 삼는 우리의 관점에서 볼 때 시에서는 '정서의 흐름'이라는 명칭으로 이를 바꾸어 표현할 수 있다. 그런데 이 정서의 흐름에서 결정적인 역할을 하는 것이 바로 '시어'다. 말하자면 시어는 정서의 흐름을 담고 있는 전달자다. 따라서 시어의 의미와 기능을 이해한다는 것은 그 시어의 독립적인 의미가 아니라 정서의 흐름 안에서 시어가 어떤 의미를 지니고 어떤 기능을 수행하는지를 봐야 한다. 이 점은 매우 중요하다. 시 문제에서 틀리는 이유의 대부분이 시어를 시 전체에서 차지하는 의미로 이해하지 않고 그 시어 자체의 의미로만 보기 때문이다. 다음 시를 보자.

강물 아래로 강물 아래로
한 줄기 어두운 이 강물 아래로
검은 밤이 흐른다.
은하수가 흐른다.

낡은 밤에 숨막히는 나도 흐르고
은하수에 빠진 푸른 별이 흐른다.

강물 아래로 강물 아래로
못 견디게 어두운 이 강물 아래로
빛나는 태양이
다다를 무렵

이 강물 어느 지류에 조각처럼 서서
나는 다시 푸른 하늘을 우러러 보리……

_ 신석정, 「어느 지류에 서서」

이 시에 대해서 다음과 같은 설명들이 있다고 해 보자. 이 설명들이 맞는 것인지 틀린 것인지 각자 판단해 보기 바란다.

① 대조적 이미지를 활용하여 시상을 전개하고 있다.

② '검은', '푸른' 등의 색채어를 통해 시상을 구체화하고 있다.

③ '아래로', '빠진' 등의 하강 이미지를 사용함으로써 좌절감을 드러내고 있다.

먼저 ①번을 보자. '검은 밤' – '은하수', '낡은 밤' – '은하수', '어두운 이 강물' – '밝은 태양' 등의 대조적 이미지가 활용되고 있으므로 옳은 설명이라 볼 수 있다. '검은', '푸른' 등의 색채어가 대상의 이미지를 구체화하는 역할을 하고 있기 때문에 ②번도 옳은 설명이다. 문제는 ③번이다.

③번을 설명하기 전에 질문을 먼저 하나 해 보자. 위의 선지 중 ③번이 ①, ②번과 다른 점은 무엇일까? 바로 '시어'가 구체적 '정서'와 연결되어 있다는 점이다. '아래로', '빠진' 등의 시어를 '좌절감'이라는 정서에 연결시킨 진술이다. ①번과 ②번은 "시상을 전개하고 있다"라든지 "시상을 구체화하고 있다"라는 형식적인 내용을 진술하고 있을 뿐 구체적인 정서와 관련되어 있지 않다. 여러분이 답을 고를 때 특히 주목해야 할 선지는 ③번과 같은 선지다. 이런 형식의 선지가 정답이 될 가능성이 높다. 결국 생각(시의 경우 정서)

의 흐름이 중요하기 때문이다.

'아래로'나 '빠진'이라는 시어가 '하강 이미지'를 나타낸다는 것은 수긍할 만하다. 그리고 이런 이미지가 일반적으로 '좌절감'과 연결된다는 것도 그럴듯한 얘기다. 그런데 이는 시의 전체적인 정서의 흐름을 고려한 것이 아니라 시어 자체의 독립적인 의미만 고려한 판단이다. 이 시의 마지막 연을 보면 "나는 다시 푸른 하늘을 우러러 보리"라고 마무리하고 있다. 즉 이 시의 정서는 '좌절감'이 아니라 '극복'이나 '희망'으로 흘러가고 있다.

여기서 시를 감상할 때 중요한 포인트 하나가 도출된다. 그것은 바로 시적 화자의 '태도'다. 시적 화자의 태도가 어떠하냐에 따라 그 시의 전체적인 정서가 결정된다. 이 시에서 사용되는 시어들 중 상당수가 그 자체로 보면 부정적인 이미지를 담고 있지만 이 시적 화자의 태도는 결국 절망을 딛고 희망을 가슴에 품는 긍정적인 것으로 귀결된다.

이렇게 볼 때 시의 경우에도 틀린 이유의 ④, ⑤, ⑥번의 내용이 수정될 필요가 있다.

❹ 시의 형식적 특성이나 표현상의 특징을 올바로 파악하지 못한 경우

❺ 시어의 의미를 올바로 파악하지 못한 경우

❻ 시적 화자의 태도를 올바로 파악하지 못한 경우

이를 토대로 볼 때 이 문제에서 ③번이 옳은 진술이라고 선택한 학생의 오답노트는 다음과 같은 형식일 것이다.

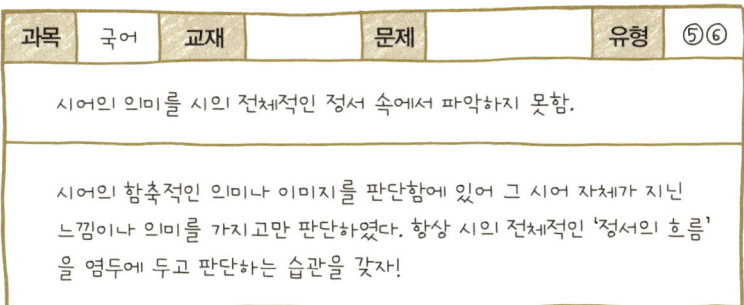

과목	국어	교재		문제		유형	⑤⑥

시어의 의미를 시의 전체적인 정서 속에서 파악하지 못함.

시어의 함축적인 의미나 이미지를 판단함에 있어 그 시어 자체가 지닌 느낌이나 의미를 가지고만 판단하였다. 항상 시의 전체적인 '정서의 흐름'을 염두에 두고 판단하는 습관을 갖자!

국어 과목에 대한 설명은 여기까지 하겠다. 중요한 것은 틀린 이유를 정확히 진술하고 그에 대한 냉정한 평가를 내리려 노력하는 일이다. 이상에서 내가 제시한 오답노트는 하나의 샘플일 뿐이니 이것을 참조해서 자신의 실수를 스스로 돌아보는 시간을 갖도록 노력해 보자.

10 영어

영어 과목의 특징

· · ·

영어 과목에 어려움을 겪는 학생들이 이구동성으로 하는 얘기가 있다. "영어는 아무리 공부해도 실력이 늘지 않아요. 문법책만 몇 권을 보고 단어도 매일 수십 개씩 외웠는데 시험을 보면 늘 제자리 예요." 한마디로 영어 공부는 공부를 한 만큼 결과가 나타나지 않는다는 것이다. 그런데 어떤 학생은 영어 공부를 별로 하지 않아도 턱턱 100점을 맞는다. 아무리 공부해도 성적이 안 나오는 학생 입장에서 보면 정말 미칠 노릇이다. 이 차이는 어디서 오는 것일까?

이 차이가 바로 영어 과목의 특징을 극명하게 보여주는 현상이다. 다음 두 그래프는 공부에 들인 노력과 성적의 상관관계를 보여 주는 것인데 왼쪽이 일반적인 교과목이고 오른쪽이 영어 과목이다.

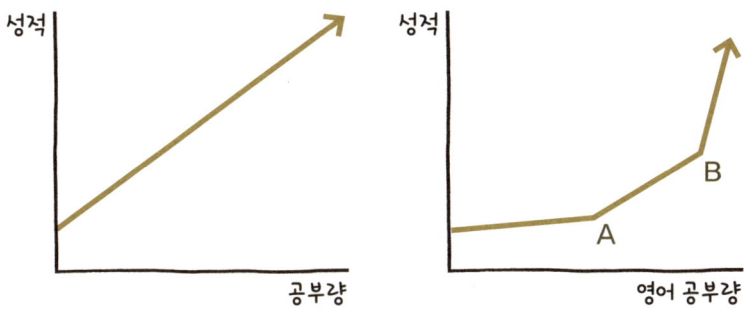

대부분의 과목이 공부에 들인 노력과 시간에 거의 정비례해서 성적이 상승하는 반면 영어는 노력과 시간이 증가해도 상당한 구간 동안 성적이 정체되어 있다가 어느 시점을 넘어서야 비로소 상승하기 시작한다(여기서는 비교의 편의를 위해 1부에서 얘기했던 '성적의 저항선'은 그래프에 반영하지 않았다). 어째서 이런 일이 벌어지는 것일까?

이 그래프의 비밀을 밝히기 위해서는 정체 구간과 상승 구간을 나누는 지점인 A지점이 무엇을 의미하는지 밝혀야 한다. A지점에서 벌어지는 일이 무엇인지 밝혀진다면 영어 그래프의 특성이 왜 그렇게 나타나는지 알게 될 것이다. 그리고 위에서 예로 든 두 부류의 학생, 즉 아무리 공부해도 영어 성적이 오르지 않는 학생과 공부를 별로 하지 않아도 좋은 성적을 얻는 학생의 차이가 어디서 오는지도 알게 될 것이다.

A지점을 나는 '체계가 잡히는 지점'이라고 부른다. 이 말이 의미

하는 바는 두 가지다. 첫째, 영어 공부에서 체계가 잡히기 이전과 이후는 완전히 다른 세계라는 점이다. 그리고 둘째, 영어 공부는 상당 기간 동안 성과가 눈에 보이지 않아도 꾸준히 노력을 해야 체계를 잡을 수 있다는 점이다. 체계가 잡히기 이전에는 아무리 노력을 해도 성적이 상승하지 않는 것이고 체계가 잡히고 나서야 비로소 노력에 비례해서 성적이 상승하기 시작한다.

더 나아가서 체계가 잡히고 나서 일정 기간이 지나고 나면 그래프의 B지점에 도달하는데, 여기서부터는 더 이상 영어 공부에 큰 노력을 기울이지 않아도 고득점을 얻을 수 있는 경지가 시작된다. 이렇게 보면 앞에서 예를 든 학생 중 아무리 공부해도 성적이 오르지 않는 학생은 A지점 왼쪽 구간에 있는 학생이고 공부를 별로 하지 않아도 고득점을 얻는 학생은 B지점 오른쪽 구간에 있는 학생이라 볼 수 있다.

결국 위에서 제기한 모든 의문은 '체계가 잡힌다'는 말에서 해답을 찾을 수 있다. 그렇다면 영어에서 체계가 잡힌다는 것이 무엇을 의미하는지가 가장 중요한 문제가 될 것이다. 사실 체계를 잡는 것이 무엇인지는 대부분 잘 알고 있다고 본다. 그런데 유독 영어에서 체계를 잡는 것이 문제가 되는 이유는 그것이 상대적으로 어렵기 때문이다. 따라서 유독 영어에서 체계를 잡는 일이 어려운 이유를 알게 되면 저절로 영어에서 체계를 잡는 것이 무엇인지 알게 될 것이다.

공부를 제대로 하는 학생이라면 공부를 해 나가는 일이 '체계를 잡는 일'과 밀접한 관련이 있다는 것을 잘 알고 있다. 영어를 제외한 다른 과목을 보면 대부분 교재의 목차에 따라서 체계를 잡아 나갈 수 있다. 이를 다른 말로 하면 공부를 시작함과 동시에 체계를 잡아 가면서 공부를 할 수 있다는 얘기다. 반면에 영어는 어휘, 문법, 독해, 청해 등의 영역들이 서로 어우러져서 실력을 형성하는 과목이기 때문에 어느 한 분야의 목차에 따라서 체계를 잡을 수 없다. 문법 실력이 아무리 출중해도 어휘가 빈약하면 문장을 읽고 해석할 수 없고 어휘와 문법이 갖추어져도 약간 어려운 문장을 만나면 독해를 해낼 수 없는 경우가 비일비재하다.

따라서 영어 과목은 공부를 시작하면서부터 체계를 갖기 어렵다. 어휘, 문법, 독해, 청해 등 각 영역들에서 일정 정도 내공이 쌓이고 나야 비로소 어느 날 '체계가 잡혔다'고 느끼는 순간이 찾아온다. 이 순간이 찾아오기 전에는 마치 목적지가 어디인지 모르고 암흑 속을 헤매는 사람과 같다. 이 기간을 어떻게 보내느냐에 따라 체계가 잡힐 수도 있고 그러지 못할 수도 있다. 이 기간을 대처하는 학생들을 유형별로 보면 다음 세 가지로 나눌 수 있다.

❶ 영어 공부는 해도 소용없다는 생각에 결국 포기하는 유형
❷ 하다 보면 언젠가 되겠지 하는 생각으로 그냥 열심히 하는 유형
❸ 체계를 잡는 것을 목적으로 한 단계씩 나아가는 유형

당연히 ③번이 가장 바람직한 유형이고 ①번이 가장 피해야 할 유형이다. 그런데 학생들 중에서 가장 많은 유형은 ②번이다. 그냥 무작정 열심히 하는 유형 말이다. 문법책만 네댓 권 섭렵하고 십 수 권의 독해책을 떼었어도 영어 실력은 제자리 걸음이다. 어휘 따로, 문법 따로, 독해 따로인 상태를 벗어날 수 없다. 이런 상태로는 결코 체계를 잡을 수 없다. 체계를 잡는 것을 목적으로 의식적인 노력을 해야만 한다. 그렇다면 어떻게 해야 체계를 잡을 수 있을까?

체계를 잡는 방법

• • •

앞에서 나는 체계가 잡히지 않은 상태를 '어휘 따로, 문법 따로, 독해 따로인 상태'라고 표현했다. 그렇다면 체계가 잡혀 있는 상태는 영어 공부의 모든 영역들이 따로 놀지 않고 서로 조화를 이루고 있는 상태라고 볼 수 있다. 이렇게 조화를 이루고 있는 경우라면 분명히 영어 실력이 일정한 경지를 넘어선 상태라고 볼 수 있다. 그런데 어느 시점에 도달하면 스스로 이런 조화를 달성했다고, 다른 말로 해서 체계가 잡혀 있는 상태라고 자각할 수 있는 것일까?

이 질문에 답하기 위해서는 영어의 각 영역별 특징에 대해서 알아볼 필요가 있다. 현행 영어 교육의 분야를 나누면 대개 다음과 같이 나누어 볼 수 있다.

❶ 어휘(Vocabulary)

❷ 문법(Grammar)

❸ 청해(Listening Comprehension)

❹ 독해(Reading Comprehension)

이 중에서 청해는 Comprehension(이해력)이라는 이름이 붙어 있지만 이해 능력보다는 '듣기 능력'에 더 치중되어 있기 때문에 하나의 동떨어진 영역이라고 보는 것이 더 적합할 것이다. 그래서 일단 논외로 치자.

어휘는 말하자면 '기초 체력' 같은 것이다. 축구 선수에 비유하자면 달리기 능력과 지구력 같은 역량에 해당된다. 달리기를 잘한다고 해서 꼭 훌륭한 축구 선수가 되는 것은 아니지만 훌륭한 축구 선수가 되기 위해서는 달리기 능력이 어느 정도 바탕이 되어야 한다. 어휘를 많이 안다고 해서 꼭 영어를 잘한다는 보장은 없지만 영어를 잘하기 위해서는 어휘력이 풍부해야 한다. 어휘력은 꾸준히 쌓아 가다 보면 어느 순간 든든한 배경으로 작용할 날이 찾아온다. 그러나 어휘만 가지고 영어 실력의 체계를 세울 수는 없다.

영어의 영역 중에서 가장 '체계화'된 영역은 단연코 문법이다. 유일하게 체계화된 목차 구조에 따라 공부를 할 수 있는 것이 바로 문법이다. 그렇기 때문에 체계를 잡기 위해서는 문법을 중심으로 삼는 것이 가장 적절한 방법이다. 그런데 이 생각은 영어 공부를 하는 사람이라면 누구나 하는 생각이다. 그래서 대부분의 학생들이 문법을 중심으로 영어의 체계를 잡아 가려 한다. 그러나 앞서 얘기했듯이 문법 따로, 독해 따로 현상이 나타난다. 문법을 아무리 공부해도 지문 안에서 까다로운 문장을 만나면 문법 지식이 소용없는 순간을 맞이한다. 이 이유에 대해서는 조금 후에 알아보자.

마지막으로 독해다. 독해는 가장 종합적인 역량을 요구하는 분야다. 말하자면 학생들의 영어 실력이 드러나는 마지막 승부처가 바로 독해다. 그리고 독해는 체계가 잡혀 있는지 아닌지를 가장 확실하게 판별할 수 있는 영역이기도 하다. 어휘 따로, 문법 따로, 독해 따로라는 현상이 나타나는 유일한 영역이 바로 독해의 영역이다. 문법을 공부할 때는 분명히 이해한다고 생각했고 연습 문제에서도 답을 맞힐 수 있었던 특정 문법 지식이 지문 안에서 나타날 때는 잘 눈에 들어오지 않는 일이 발생한다.

자, 정리해 보자. 어휘는 기초 체력이고 문법은 체계적인 공부가 가능한 영역이고 독해는 영어 실력을 점검하는 실전 장소다. 이 중에서 가장 중요한 영역은 누가 뭐래도 독해 영역이다. 우선 영어 실력을 최종적으로 점검하는 영역이므로 시험에서 출제 빈도가 가장 높다. 가장 중요한 것은 우리의 관심사인 체계가 잡혀 있는지 아닌지 여부가 드러나는 최종 영역이라는 점이다. 여기에 답이 있다. 어휘 따로, 문법 따로, 독해 따로 현상은 어휘와 문법 공부를 할 때 그것을 최종적으로 독해에서 활용한다는 생각을 하지 못했거나 생각을 했어도 실천하지 못했기 때문에 나타나는 것이다. 이에 따라 체계를 잡기 위한 올바른 공부 방법을 정리해 보자.

어휘

어휘 공부를 하는 대표적인 방법은 중요 단어나 필수 단어를 정리해 놓은 어휘 교재로 공부하는 방법이다. 이 방법의 장점은 잘 정리되어 있는 단어를 빠른 시간에 많이 암기할 수 있다는 점이다. 그러나 이 방법만으로 어휘 공부를 하게 되면 '어휘 따로' 현상에 빠지게 된다. 반드시 다른 한 가지와 병행해야 한다. 그것은 독해 공부를 하면서 모르는 단어가 나왔을 때 그것을 자신만의 단어장에 정리하는 일이다. 이 방법의 장점은 영어 문장 안에서 살아 있는 어휘를 공부한다는 점이다. 단점은 귀찮고 느린 방법이라는 점이다. 앞서 어휘 교재로 공부하는 방법의 장점이 빠르고 효율적이라는 점이고 단점이 어휘 따로 현상에 빠진다는 점이라고 말했다. 그렇다면 이 두 가지 방법을 병행하면 서로의 단점을 상쇄할 수 있을 것이다.

어휘 공부는 이렇게 '투 트랙Two track 전략'을 따르는 것이 좋다. 처음에는 두 방법이 서로 관련 없는 것처럼 보이지만 시간이 흐를수록 두 가지 방법의 교차점이 늘어나는 것을 발견할 수 있다. 독해 공부를 하면서 정리해 두었던 단어를 어휘 교재에서 발견하거나 어휘 교재에서 암기했던 단어를 독해 지문에서 발견하는 일들이 늘어난다. 이 교차점이 점점 늘어날수록 어휘력이 진정한 기초 체력으로 힘을 발휘하는 순간을 맞이하게 될 것이다.

문법

문법 공부가 영어 실력의 체계를 잡아 가는 데 가장 효과적인 수단이라는 점은 분명하다. 그런데 여러 권의 문법책을 섭렵해도 영어 지문을 독해하는 데 별로 도움이 안 되는 이유는 무엇일까? 앞서 어휘 공부에 관해서 지적한 것과 같은 이유다. 문법 지식을 암기하는 방식으로 공부했기 때문이다. 이렇게 공부하면 암기된 내용을 확인하는 소위 '문법 문제'는 풀 수 있지만 까다로운 문장들로 이루어진 지문을 만나면 별로 힘을 발휘하지 못한다.

문법을 공부할 때도 가급적 그 문법적 지식과 관련된 구문을 같이 공부해야 한다. 문법을 가지고 문장의 구조를 이해하지 못하면 그 문법은 그냥 암기된 지식에 불과하다. 문법은 문장의 구조를 이해하는 하나의 열쇠라고 봐야 한다. 지문을 독해하면서 까다로운 지문을 만나면 그 안에 어떤 문법적 요소들이 들어 있는지 꼭 분석하는 습관을 들여야 한다. 그리고 자기가 공부하는 문법책에서 해당 부분을 찾아보면서 기존에 알고 있던 문법 지식을 새롭게 머리에 각인시키는 연습이 필요하다. 그리고 문법책은 여러 권을 보지 말고 자신의 수준에 맞는 한 권을 여러 번 보는 것이 훨씬 더 효과적이다. 여러 권의 문법책을 보면 체계만 흐트러질 뿐이다.

독해

영어 공부를 어느 정도 한 학생들은 영어 지문을 읽으면 대략 지문 내용을 파악할 수 있다. 그런데 지문 내용을 이렇게 대략 파악하고 문제를 풀면 맞히는 문제도 있지만 맞혔다고 생각했는데 틀리는 경우도 종종 나타난다. 왜냐하면 독해 문제 중 까다로운 문제들은 이렇게 '대략' 파악한 사람들이 틀리도록 출제되기 때문이다. 열 번 중 아홉 번을 감으로 대충 찍어서 맞혔다고 하더라도 정확한 독해를 통해서만 답을 맞힐 수 있는 마지막 한 번 때문에 희비가 갈릴 수 있다는 점을 명심하자. 그래서 독해 공부를 할 때는 항상 정확한 독해 연습을 해야 한다. 물론 시험장에서 이렇게 꼼꼼하게 하기는 힘들다. 그러나 속도 문제는 나중 문제다. 정확한 독해를 하는 습관을 들이고 나면 속도 문제는 점차로 해결될 수 있다.

정확한 독해는 '문장 구조'를 중심으로 하는 독해를 말한다. 문장을 이루는 성분들을 정확히 파악하고 그 성분들 사이의 문법적 구조를 생각하면서 독해를 해야 한다. 명심하자. 독해가 영어 실력의 체계를 확인하는 점검의 장이라는 점을 말이다. 이런 방식으로 독해를 해야 어휘와 문법 공부가 문장 속에서 살아 있게 되는 것이다. 그래서 나는 『도미노 공부법』에서 영어 공부의 첫 번째 도미노를 '번역가식 독해 훈련'이라고 얘기한 바 있다. 즉 번역가가 번역을 하듯이 문장을 완전하게 분석해서 실제로 우리말로 써 보는 훈련을 하라는 얘기다. 처음에는 시간이 많이 걸리고 답답하겠지만 인고의 세월을 조금만 견디면 체계가 잡힌 영어 실력으로 보답받게 될 것이다.

영어 과목에서 틀리는 이유

• • •

지금까지는 영어 과목을 공부하는 방법에 대해서 얘기했다. 이제 다시 우리의 주제로 넘어와서 틀린 문제를 어떻게 활용하는지에 대해서 알아보자. 앞에서 얘기했듯이 영어 과목에서도 틀리는 이유의 ④, ⑤, ⑥번이 수정되어야 한다. 영어 과목 역시 특정한 배경 지식을 필요로 하는 것이 아니기 때문이다. 물론 어휘와 문법을 배경 지식으로 취급할 수 있기 때문에 이 부분을 반영하여 ④번 이유로 삼았다. 그래서 다음과 같이 수정하였다.

❹ 어휘와 문법 지식이 부족해서 틀린 경우

❺ 문장 구조를 파악하지 못해 독해에 실패한 경우

❻ 독해력의 부족으로 지문의 내용을 오해한 경우

여기서 ④번과 ⑤번은 앞에서 충분히 설명했기에 부연 설명이 필요 없을 것이다. ⑥번은 말 그대로 글의 내용을 파악하는 독해력이 부족하기 때문에 틀리는 유형이다. 지금까지 영어의 체계에 대해서 장문의 설명을 해 왔지만 틀리는 이유에 관해서 얘기하자면 이 ⑥번이 틀리는 이유 중 가장 많은 부분을 차지한다. 그렇다면 영어 실력도 결국 독해력의 문제로 귀착하는 것일까?

이에 대해 답하자면 반은 맞고 반은 틀린 얘기라고 할 수 있다. 국어 과목이라면 전적으로 독해력의 문제라고 얘기할 수 있지만 영어 과목은 그렇게 단정적으로 말하기 어렵다. 독해력이 문제가 되려면 먼저 영어 문장이 '해석'될 수 있어야 한다. 해석이 되지 않으면 이해를 하는 것 자체가 불가능하고 이해를 하는 것 자체가 불가능한 상황에서는 독해력이 문제인지 여부를 판단할 수 없다. 바로 이 점이 영어 공부에서 가장 어려운 부분이다. 영어 문장을 읽고 나서 무슨 얘기인지 잘 모르겠지만 그 모르는 이유가 영어의 기초 실력이 부족해서인지 아니면 독해력이 부족해서인지 판단하기 힘들다는 점 말이다.

대부분의 경우에는 두 가지 요소가 뒤섞여 있다고 보는 것이 옳을 것이다. 그리고 이렇게 뒤섞여 있기 때문에 그 문제를 해결하기가 더 어렵다. 그렇다면 문제를 둘로 나누고 단계적으로 해결해 나가면 될 것인가? 말하자면 먼저 어휘와 문법 공부를 완벽하게 해서 영어 문장이 일단 완벽하게 해석이 된 연후에 독해력을 증진시키는 연습을 하는 식으로 말이다. 논리적으로는 가능한 얘기지만 사실 현실적으로 실행하기 어려운 얘기다.

바로 이 지점에서 틀린 문제의 활용법이 필요하다. 공부를 단계적으로 해 나가기는 어렵지만 틀린 문제를 통해 어디에서 문제가 있어서 틀렸는지는 사후적으로 판단할 수 있다. 즉, 독해 문제에서 틀린 답을 고른 후 틀린 이유를 분석하면서 앞의 세 가지 이유 중 어떤 것에서 문제가 있었는지 판단할 수 있다는 말이다. 하나의 이유일 수도 있고 두 개의 이유일 수도 있고 심지어 세 가지가 다 문제일 수 있다. 그러나 이런 데이터들이 계속 쌓이다 보면 자신의 문제점이 어디에 있는지 파악할 수 있을 것이다. 그리고 이러한 틀린 문제 활용법은 위에서 설명한 '영어의 체계를 잡는 일'에도 큰 역할을 할 수 있다.

'틀린 문제'라는 용어와 관련해서 영어 과목의 경우에만 해당되는 주의 사항이 하나 있다. 영어 독해 문제는 지문의 내용을 대충만 이해하고 그냥 어림짐작으로 답을 골랐는데 그것이 정답인 경우가 종종 발생한다. 소위 '찍어서' 맞히는 경우다. 이런 경우까지도 '틀린 문제'로 분류해야 한다는 것이 바로 주의사항이다. 찍어서 맞힌 것은 자신의 실력이 아니다. 이것을 실력으로 치부하면 언젠가 그로 인해 뼈아픈 경험을 하는 날이 찾아온다. 그러지 않기 위해서는 지문 독해가 제대로 되지 않은 문제에서 설사 정답을 맞혔더라도 틀린 문제로 간주하고 오답노트를 작성해야 한다.

이제 실제 문제를 풀면서 틀린 문제 활용법에 대해서 보다 상세히 알아보자.

틀린 문제 활용법과 오답노트

* * *

먼저 문제를 풀어 보고 답을 맞힌 후 해설을 보기 바란다.

문제

다음 글에서 필자가 주장하는 바로 가장 적절한 것은? [2016 수능]

Assertiveness may seem to some people to be uncharacteristic of counselors. If your picture of a counselor is someone who never disagrees, always "goes along," wants everything to be nice all the time, and only does what other people want him or her to do, this is not a picture of an assertive counselor. Being assertive does not have to mean being disagreeable. Being a counselor does not mean that you should simply be silent when someone tells a racist joke. An assertive counselor would find a way to call that person's attention to the fact that the joke is racist, explaining how it offended the hearer, and suggesting ways similar jokes could be avoided. Being assertive is a highly developed skill — it should fit nicely in the counselor's repertoire of techniques.

① 상담사는 상대방의 감정을 해치는 농담을 하지 말아야 한다.

② 상담사는 자기 생각을 분명하게 드러낼 줄도 알아야 한다.

③ 상담사는 항상 친절한 태도로 상담을 진행해야 한다.

④ 상담사는 정기적으로 상담 기술 교육을 받아야 한다.

⑤ 상담사는 상담 기록을 철저히 관리해야 한다.

이 지문을 독해하는 데 있어 우선 문제가 되는 것은 처음에 등장하는 'Assertiveness(자기 주장)'의 뜻을 알고 있느냐 아니냐다. 이 단어의 뜻을 알고 있다면 답을 찾기가 그리 어렵지 않을 것이다. 그런데 이 뜻을 모르고 있다면 답을 찾는 일이 좀 복잡해진다. 실제 시험장에서 이 차이는 매우 크다. 이 문제의 답을 맞힐 수 있느냐 없느냐도 중요하지만 이 문제에 아까운 시간을 낭비하느냐 빨리 해결하고 넘어가서 다른 문제를 풀 수 있는 시간을 확보하느냐의 문제가 더 중요하다. 어휘력의 중요성을 짐작할 수 있다.

이 단어의 뜻을 모르면 다른 단서를 통해 그것을 짐작할 수 있어야 한다. 그 다음에 나오는 'may seem to'가 일단 중요하다. 조동사 'may'의 문법적 용법은 가능이나 추측을 나타내는 데 여기서는 추측이라고 봐야 한다. 그런데 이렇게 생각하는 것에 그친다면 이것이 바로 문법을 그냥 암기식으로 공부한 증거다. 여기서 'may seem to'는 어떤 사람들한테는 그렇게 보일지 모르지만 사실 그것은 잘못된 생각이라는 의미가 들어 있다. 문장 전체를 놓고 보면 "assertiveness가 some people에게는 'uncharacteristic of counselors'로 보일지도 모른다(그러나 그것은 잘못된 생각이다)"라는 의미인 것이다.

그래서 그다음에 counselor(상담가)에 대한 일반인의 생각을 나열한 후 "this is not a picture of an assertive counselor"라고 말하고 있다. 여기까지 보았을 때 글쓴이는 assertiveness가 사람들의 일반적인 생각과는 달리 상담가가 지녀야 할 특성이라고 보고 있다는 점을 알 수 있다. 지문의 후반부는 예를 들어 racist joke(인종주의적 농담)에 대해서 상담가가 어떠한 태도를 지녀야 하는지 설명하고 있다. 이 설명을 통해서 상담가는 인종주의적 농담을 하는 사람 앞에서 그냥 침묵을 지키는 것이 아니라 적극적으로 잘못을 지적하고 바로잡아야 한다는 얘기를 하고 있다.

지문의 마지막에 또다시 어려운 단어가 하나 나온다. repertoire(목록)이 그것인데 이 단어는 지문의 요지를 파악하는 데 그리 결정적인 단어가 아니라서 몰라도 큰 상관은 없다. 그러나 이 지문을 시험장에서 만난 것이 아니라 공부하는 과정에서 만난 것이라면 자신의 단어장에 정리해 두어야 할 것이다. 이상의 설명으로부터 assertiveness는 상담가가 상대방의 기분을 맞추어 주거나 가만히 침묵을 지키는 것이 아니라 부당한 일을 접하면 적극적으로 의견을 개진해서 바로잡아야 한다는 중요한 덕목이라는 점을 알 수 있다. 그래서 정답은 ②번이 된다.

이 지문에서 가장 까다로운 문장은 지문의 후반부에 나온다. 바로 다음 문장인데 이 문장은 이 문제를 맞히고 틀리고를 떠나 영어 실력 증진을 위해 문장 구조를 분석할 필요가 있다. 다음 문장이다.

> An assertive counselor would find a way to call that person's attention to the fact that the joke is racist, explaining how it offended the hearer, and suggesting ways similar jokes could be avoided.

먼저 이 문장이 분사 구문으로 이루어져 있다는 점을 발견해야 한다. 'explaining~'과 'and suggesting~'이 모두 An assertive counselor를 주어로 하는 분사 구문이다. 그 다음에 주목해야 할 것은 여기서 두 개의 that이 나오는데 먼저 나오는 것은 지시형용사로 person을 꾸며 주고 있고 두 번째에 나오는 것은 접속사로서 that the joke is racist라는 명사절을 이끈다. 그리고 이 명사절은 the fact와 동격이다. 여기서 앞에 나오는 that을 접속사로 오해하면 문장을 제대로 해석할 수 없다. 안 그럴 것 같지만 이런 착각을 하는 학생이 의외로 많다. 마지막으로 ways 다음에 관계대명사구 in which 혹은 관계부사 how가 생략되어 있다. 그런데 여기서 in which는 생략하지 않고 집어넣어도 되지만 how는 반드시 생략된다. 관계부사 how는 선행사 way와 함께 사용할 수 없기 때문이다.

이상의 내용을 토대로 오답노트를 작성해 보자. 먼저 어휘와 문

법적 지식이 부족해서 틀린 학생이라면

| 과목 | 영어 | 교재 | 2016 수능 | 문제 | | 유형 | ④ |

Assertiveness의 뜻을 몰라 독해를 포기했음.

assertive의 뜻을 몰라도 첫 문장에서 may seem to에 주목해서
이것이 counselor에 대한 일반인의 오해를 말하는 문장으로 파악하고
이어서 글쓴이가 이와 달리 assertiveness를 상담가의 특성으로
본다는 점을 파악할 수 있어야 했다.
마지막에 racist joke에 대한 상담가의 올바른 태도에서 정답을 확인
할 수 있었는데 이를 보지 못했다.

- assertiveness 자기 주장, 단호함 assertive 확신에 찬, 적극적인
- repertoire 목록

그리고 이제 답을 맞혔어도 후반부에 나오는 문장을 제대로 해석하지 못한 학생의 오답노트를 보자.

| 과목 | 영어 | 교재 | 2016 수능 | 문제 | | 유형 | ⑤ |

정답은 맞혔지만 후반부에서 독해가 안 된 문장이 있음.

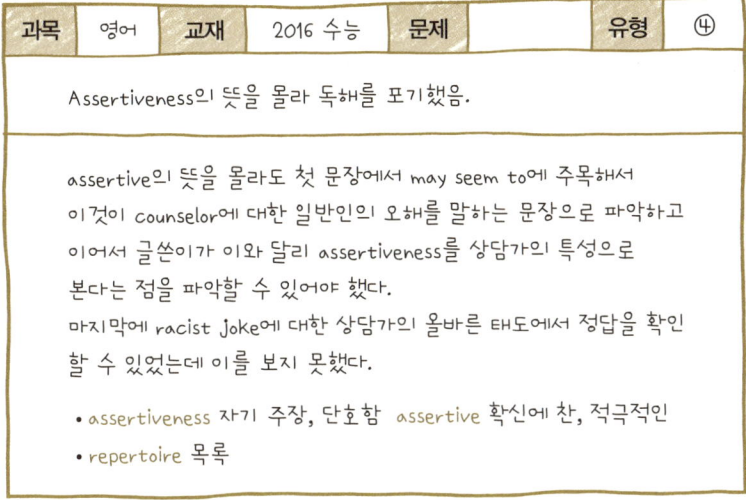

물론 여러분 모두가 이 정도로 문장 구조 분석을 할 수 있는 것은 아닐 것이다. 그래서 가급적이면 독해 교재를 선택할 때 문장 구조 분석이 잘 나와 있는 것을 선택하기를 권한다. 문장 구조 분석이 없는 경우에는 한글로 해석된 것을 옆에 놓고 영어 문장과 비교해 가며 문장 구조를 되짚어 보아야 한다. 필요한 경우에는 문법책에서 해당 부분을 찾아볼 필요도 있다. 처음에는 시간이 오래 걸릴 것이다. 그래도 조금 익숙해지면 한 지문과 문제를 분석하고 오답노트를 작성하는 데 20분을 넘기지는 않을 것이다.

이렇게 하루에 한 시간을 공부하면 하루에 세 개의 오답노트가 만들어질 것이고 일주일이면 21개 한 달이면 90개가 만들어진다. 만약 하루에 두 시간을 공부한다면 한 달에 180개의 오답노트가 만들어진다. 이렇게 한두 달만 꾸준히 하면 '체계가 잡힌다'는 것이 무엇인지 스스로 확인할 수 있을 것이다. 만약 6개월 정도만 이렇게 해 나간다면 앞서 얘기했던 '별로 공부하지 않아도 고득점을 맞는 학생'이 될 수 있을 것이다.

11 수학

수학, 생각의 흐름 그 자체

· · ·

생각의 흐름이 가장 중요한 과목이 무엇이냐고 묻는다면 열에 아홉은 수학이라고 대답할 것이다. 공부하는 과정에서뿐만 아니라 시험장에서 문제를 풀 때도 가장 많은 사고를 요구하는 과목이 수학이다. 그런데 나는 앞서 우리나라의 교육 현실을 고려한다면, 다시 말해서 수학 그 자체가 아니라 입시 수학을 고려한다면 지식의 스펙트럼이 다음과 같이 수정된다고 말한 바 있다.

사회탐구	과학탐구	(입시)수학	외국어	국어

원래 수학이라는 과목의 특성을 고려하면 가장 오른쪽에 위치해야 하지만 입시 수학은 어느 정도 암기를 통해서 문제 해결이 가능하기 때문에 중간으로 이동시킨 것이다. 이렇게 입시 수학의 위치가 이동했지만 한 가지 주의사항이 있다. 수능의 수학 시험 전체 문항 중에서 80~90%가 유형과 패턴, 그리고 해법을 암기하는 공부법에 의해서 해결될 수 있지만 나머지 10% 남짓의 문제는 수학적 사고력이 뒷받침되지 않고서는 풀 수 없도록 출제된다. 그리고 바로 이 10% 남짓의 문제에서 희비가 갈리는 경우가 대부분이다. 그렇기 때문에 수학의 근본적 성격, 즉 사고형 지식에 속한다는 점이 결정적인 역할을 수행한다. 수학을 유형과 패턴 중심으로 공부하려는 학생은 이 점을 잊지 말아야 한다.

그리고 유형 중심으로 공부하는 방법에 의해서 어느 정도 성과가 나타난다고 해도 그 방법이 과연 효율적이냐 하는 문제는 따져 봐야 한다. 비록 유형을 암기해서 풀 수 있는 문제라고 해도 공부할 때는 '생각의 흐름'이라는 관점에 입각해서 공부를 하는 것이 훨씬 더 효율적이라는 것이 내 생각이다. 왜냐하면 유형 중심의 공부법으로 모든 유형의 문제를 풀기 위해서는 그 '모든' 유형의 공부를 다 해야 하지만, 생각의 흐름을 중심으로 공부를 하는 것은 여러 유형의 문제를 해결할 수 있는 사고 능력을 키우는 것이기 때문이다. 기초적인 유형 속에서 생각의 흐름을 익히고 그것을 복잡한 문제에도 적용하여 생각을 확장하는 능력을 키우는 것이 중요하다. 바로 이것이 수학을 공부하는 목적이다.

이런 이유로 나는 『도미노 공부법』에서 수학 공부에서 가장 중요한 것이 개념 이해도 아니고 유형 훈련도 아니라고 말했다. 그럼 무엇일까? 아래 도식을 보자.

개념 이해(공식 암기 포함) + 유형 훈련

이 도식에서 가장 중요한 것이 개념 이해도 아니고 유형 훈련도 아니라면 도대체 무엇이란 말인가? 남아 있는 것이 없지 않은가? 아니다. 남아 있는 것이 있다. 바로 플러스 기호(+)가 남아 있다. 그리고 이것이 가장 중요한 것이다. 다른 말로 하면 개념 이해와 유형 훈련을 연결시키는 것이 수학에서 가장 중요하다는 것이다. 개념들에 대한 이해도 정확한 것 같고 문제 유형 훈련도 충분히 했다고 생각했는데 정작 시험을 치르고 나서 좌절하게 되는 이유는 바로 이 플러스 기호, 다른 말로 해서 '연결'의 중요성을 이해하지 못했기 때문이다.

이 플러스 기호가 무엇인가? 바로 가장 단순한 형태의 '생각의 흐름'이다. 개념과 공식들을 특정한 유형의 문제에 적용하여 해답을 찾으려면 개념과 공식으로부터 문제의 해결까지 이어지는 생각의 흐름이 올바르게 정립되어야 한다. 수학 공부의 핵심은 여기에 있다. 생각의 흐름에 문제가 생기면 다른 길로 빠져서 오답에 도달하거나 흐름이 끊겨 더 이상 진행되지 못하는 결과에 이른다. 개념을 이해하고 공식을 암기하는 이유, 문제를 유형화하여 공부하는 이유가 바로 이 '생각의 흐름'을 이해하고 자신의 것으로 만들기 위해서다.

더 나아가서 유형 중심의 공부법이 가지는 가장 큰 문제는 그 유형에 대한 맹신 때문에 중요한 순간에 뼈아픈 실수를 할 수 있다는 점이다. 이에 대해서는 문제를 가지고 더 알아보겠다.

유형에 대한 맹신 – 선입견
. . .

다음 문제를 먼저 풀어 보자. 계속 얘기하는 것이지만 꼭 풀어 보고 해설을 보기 바란다. 이 책을 읽고 있는 독자가 중학생이거나 수학 공부에 대한 기억이 가물가물한 학부모라면 풀어 보지 않아도 되지만 고등학생이라면 꼭 풀어 보고 나서 해설을 보아야 한다.

문제

사차 방정식 $x^4 - 6x^3 + 15x^2 - 22x + 12 = 0$의 모든 실근의 합을 구하시오. [2014 11월 학평(경기) 고1]

유형 중심으로 공부한 학생들은 이 문제를 시험지에서 보고 속으로 쾌재를 불렀을 것이다. 왜냐하면 아주 쉽게 해결할 수 있고 쉽게 해결한 만큼 다른 문제를 해결하는 데 사용할 시간을 벌었다고 생각할 것이기 때문이다. 그런 학생들은 이 문제를 '근과 계수의 관계'에서 배운 간단한 해법으로 쉽게 해결할 수 있다고 생각했을 것이다. 즉,

4차 방정식 $x^4 + ax^3 + bx^2 + cx + d = 0$일 때,

네 근의 합은 $-a$이므로

위 식에서 네 근의 합은 6이 된다.

그러므로 정답은 6이다.

그러나 위 해법은 틀린 해법이다. 이렇게 푼 학생은 다음 두 가지 잘못 중 한 가지를 저지른 것이다.

❶ 유형에 따라 쉽게 해결할 수 있다는 생각에 문제의 중요한 조건을 보지 못했다.

❷ 그 조건을 봤어도 그것이 문제가 될 수 있다는 생각을 하지 못했다.

여기서 말하는 문제의 중요한 조건이란 바로 '실근'이라는 조건이다. ①번 실수를 저지른 학생은 그냥 네 근의 합을 구할 수 있는

간단한 방법만 생각했기 때문에 그것이 '실근'이어야 한다는 조건이 눈에 들어오지 않은 것이다. ②번 실수를 저지른 학생은 그 조건을 봤지만 공부할 때 네 개의 근이 모두 실근인 경우만 공부했거나 '허근'인 경우를 고려해야 한다는 부분을 눈여겨보지 않았을 것이다. 어쨌든 두 경우 모두 '유형에 대한 맹신' 때문에 틀린 것이라 볼 수 있다. 유형에 대한 맹신이 옳지 않은 선입견으로 작용한 셈이다.

이 문제의 올바른 해법은 다음과 같다. 인수분해를 해서 실근인지 허근인지 확인하고 답을 이끌어 내야 한다.

주어진 방정식을 조립제법을 이용하여 인수분해를 하면

$(x-1)(x-3)(x^2-2x-4)=0$이 된다.

여기서 $x^2-2x-4=0$은 서로 다른 두 허근을 갖는다.

따라서 실근의 합은 1 + 3 = 4다.

정답은 4다.

이 문제는 그렇게 어려운 문제도 아니고, 배점이 3점인 주관식 문제를 단지 '근과 계수의 관계'를 이용해서 풀 수 있다는 점에 충분히 의문을 가질 수 있기 때문에 틀린 학생이 그리 많지는 않을 것이다. 그런데도 이 문제를 틀린 학생이라면 "나는 유형을 맹신하는 편이구나"라고 자각할 필요가 있다. 이 문제를 틀린 학생의 오답노트는 다음과 같을 것이다.

과목	수학	교재	2014 11월 학평	문제	23번	유형	②③

문제에서 '실근'의 합을 구하라고 했는데 이를 생각하지 못함.

문제의 조건에 주의를 기울이지 못했다.
'근과 계수의 관계'에서 쉽게 해법을 찾을 수 있다는 생각에
'실근'이라는 조건을 보지 못하고
그냥 기계적으로 풀어 버렸다. → '기계적'으로 풀지 말자!!!
이렇게 쉽게 출제될 리 없다는 점을 명심할 것!!

착안과 분기점

• • •

앞에서 말했듯이 생각의 흐름이 가장 중요한 수학 과목의 특성 때문에 틀리는 이유 두 가지를 더 추가했다. 틀리는 이유 ⑦번과

⑧번이 그것이다.

❼ 개념과 원리로부터 사고를 전개해 나갈 때 '착안'을 올바로 하지
   못한 경우
❽ 사고의 진행 단계에서 만나는 '분기점'에서 잘못된 판단을 한 경우

이 두 가지 이유는 수학 과목에서 특히 자주 나타나는 이유기 때문에 자세히 살펴볼 필요가 있다. 지금부터 살펴볼 문제는 수학B형의 30번 문제로 매우 고난도 문제다. 그래서 문제와 풀이 과정이 이해가 안 되는 독자분들도 꽤 있을 것이다. 구체적인 수식이 이해가 안 되더라도 생각의 흐름에만 집중해서 보면 이 문제를 통해서 말하고자 하는 바가 무엇인지는 이해할 수 있을 것이다. 만약 미적분을 공부한 고등학교 이과 학생이라면 꼭 자신의 힘으로 풀어 보고 난 후에 해설을 보기 바란다.

문제

정의역이 $\{x \mid 0 \le x \le 8\}$ 이고 다음 조건을 만족시키는 모든 연속함수 $f(x)$에 대하여 $\int_0^8 f(x)\,dx$ 의 최댓값은 $p + \dfrac{q}{\ln 2}$ 이다. $p+q$의 값을 구하시오.(단, p, q는 자연수이고 ln2는 무리수이다.) [2015 고3 6월 모평]

(가) $f(0) = 1$이고 $f(8) \leq 100$이다.

(나) $0 \leq k \leq 7$인 각각의 정수 k에 대하여

$f(k+t) = f(k) \, (0 < t \leq 1)$ 또는

$f(k+t) = 2^t \times f(k) \, (0 < t \leq 1)$이다.

(다) 열린 구간 $(0, 8)$에서 함수 $f(k)$가 미분 가능하지 않은 점의

개수는 2다.

한국교육과정평가원 측의 정답 풀이 과정을 소개하면서 중요한

부분에 말풍선으로 설명을 덧붙이겠다.

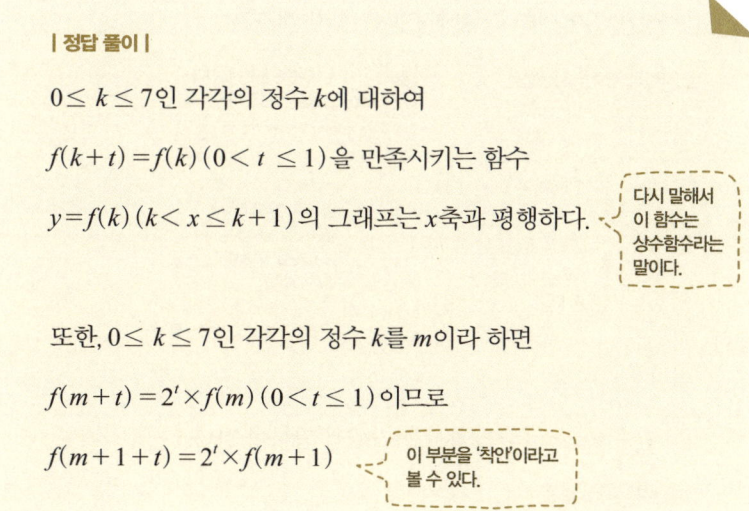

| 정답 풀이 |

$0 \leq k \leq 7$인 각각의 정수 k에 대하여

$f(k+t) = f(k) \, (0 < t \leq 1)$을 만족시키는 함수

$y = f(k) \, (k < x \leq k+1)$의 그래프는 x축과 평행하다.

다시 말해서 이 함수는 상수함수라는 말이다.

또한, $0 \leq k \leq 7$인 각각의 정수 k를 m이라 하면

$f(m+t) = 2^t \times f(m) \, (0 < t \leq 1)$이므로

$f(m+1+t) = 2^t \times f(m+1)$

이 부분을 '착안'이라고 볼 수 있다.

$$= 2^t \times 2 \times f(m)$$

$$= 2^{t+1} \times f(m)$$

따라서, $0 \le k \le 7$인 각각의 정수 k에 대하여

$$f(k+t) = 2^t \times f(k) \,(0 < t \le 1)$$

을 만족시키는 함수 $y = f(x) \,(k < x \le k+1)$

의 그래프는 지수의 밑이 2인

지수함수의 그래프이다.

> 앞서 '착안'에 성공하였기에
> 이 부분이 도출되었다.

그리고, $f(8) \le 100$이므로

$2^6 = 64, 2^7 = 128$에서 함수 $f(x)$의 최댓값은 64이어야 한다.

따라서, 연속함수 $f(x)$에 대하여

$\displaystyle\int_0^8 f(x)\,dx$ 가 최댓값을 가지면서 열린 구간 $(0,8)$에서

함수 $f(x)$가 미분 가능하지 않은 점의 개수가

2가 되어야 하므로

> 바로 이 지점이 생각의 '분기점'이다.
> 여기서 옳은 판단을 해야 한다.

$$f(x) = \begin{cases} 1 \,(0 \le x \le 1) \\ 2^{x-1} \,(1 \le x \le 7) \\ 64 \,(7 \le x \le 8) \end{cases}$$

> 생각의 분기점에서
> 옳은 판단을 해야
> 이 함수를 이끌어
> 낼 수 있다.

이다.

즉, 함수 $y = f(x)$의 그래프는 그림과 같아야 한다.

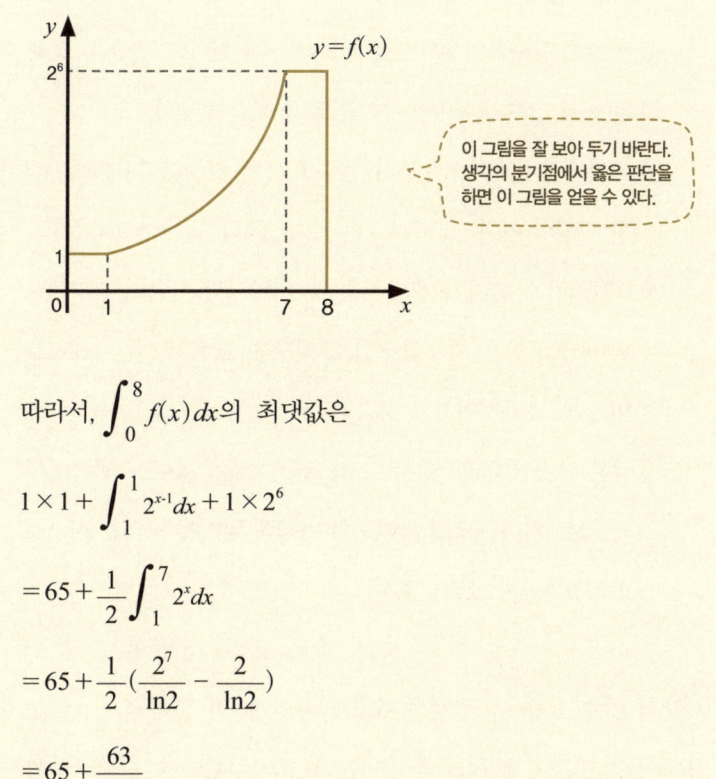

이 그림을 잘 보아 두기 바란다.
생각의 분기점에서 옳은 판단을
하면 이 그림을 얻을 수 있다.

따라서, $\int_{0}^{8} f(x)\,dx$의 최댓값은

$$1 \times 1 + \int_{1}^{1} 2^{x-1}dx + 1 \times 2^6$$

$$= 65 + \frac{1}{2}\int_{1}^{7} 2^x dx$$

$$= 65 + \frac{1}{2}\left(\frac{2^7}{\ln 2} - \frac{2}{\ln 2}\right)$$

$$= 65 + \frac{63}{\ln 2}$$

따라서, $p=65$, $p=63$이므로

$$p + q = 128$$

정답 128

여기까지 생각의 흐름을 정리해 보자.

① (나)조건에서 첫 번째 함수가 상수함수라는 것을 이끌어 내고

② 두 번째 함수에서 m 대신에 $m+1$을 대입한다는 '착안'을 통해

③ 두 번째 함수가 지수함수라는 것을 이끌어 냈다.

④ 이것과 (가)조건으로부터 함수 $f(x)$의 최댓값이 64라는 것을 이끌어 낸 후

⑤ (다)조건을 고려하여 자연수 두 개의 구간이 상수함수이며 나머지 구간은 지수함수인 그래프를 그린 후(이 그래프를 어떻게 그릴 것인가가 생각의 '분기점'이다.)

⑥ 적분 값이 최대라는 것은 그래프의 아래쪽 넓이가 최대가 되는 것을 의미하므로 그래프의 아래쪽 넓이를 구하는 식으로부터 p와 q의 값을 구한다.

앞서 말했듯이 이 문제는 수학B형의 30번 문제로서 해당 시험지에서 최고난도 문제라 할 수 있다. 이 문제를 손도 못 댄 학생들이 태반이었을 것이다. 이 문제의 오답률은 무려 91%에 달한다. 손도 못 댄 학생들은 일차적으로 위의 ②와 ③의 과정에서 m 대신에 $m+1$을 대입하여 지수함수를 이끌어 낸다는 '착안'을 하지 못했을 것이라 보인다. 여기서 지수함수를 이끌어 내지 못하면 이 문제는 해결할 수 없다.

(다)조건에서 미분 가능하지 않은 점이 두 개라는 얘기는 지수함수가 상수함수와 만나는 지점이 두 개라는 얘기다. 이로부터 그래

프의 형태를 생각해 내야 한다. 앞에서 올바른 그래프의 형태는 이미 제시했다. 그런데 여기까지 잘 풀어 온 학생, 다시 말해서 "(다) 조건을 고려하여 자연수 두 개의 구간이 상수함수이며 나머지 구간은 지수함수인 그래프"를 그려야 한다는 부분까지 도달한 학생이라도 이 지점에서 대부분 생각을 잘못했기 때문에 오답률이 91%가 나온 것이라 생각된다. 그래프를 잘못 그린 학생들은 대부분 다음과 같은 그림을 생각했을 것이다.

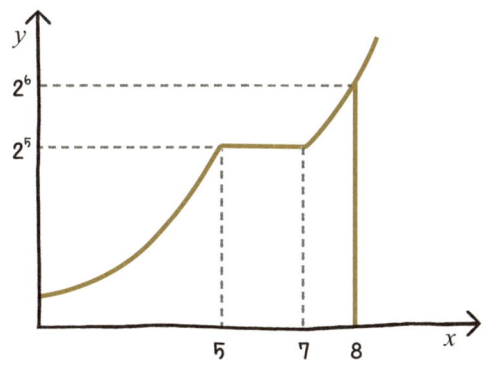

위 그래프는 상수함수 구간이 중간에 나오는 형태다. '미분 가능하지 않은 점이 두 개'라는 조건을 듣고 반사적으로 떠오른 그래프의 형태가 바로 위 그래프다. 상수함수와 지수함수가 만나는 지점이 바로 '미분 가능하지 않은 지점'이므로 상수함수 구간은 제일 끝, 즉 6~8구간에 올 수 없다. 이렇게 되면 미분 가능하지 않은 지점이 한 개밖에 없기 때문이다. 그래서 함수의 값을 최대로 하면서 미분 가능하지 않은 지점이 두 개인 함수를 얻으려면 상수함수 구간이 5~7이어야 한다는 것이다.

이렇게 되면 함수는

$$f(x) = \begin{cases} 2^x \, (0 \le x \le 5) \\ 32 \, (5 \le x \le 7) \\ 2^{x-2} \, (7 \le x \le 8) \end{cases}$$

가 된다.

따라서, $\displaystyle\int_0^8 f(x)\,dx$ 의 최댓값은

$$\int_0^5 2^x dx \;+2\times 2^5 + \int_7^8 2^{x-2}dx$$

$$=64 + \int_0^6 2^x dx$$

$$=64 + \frac{63}{\ln 2}$$

따라서, $p=64$, $q=63$이므로

$$p+q=127$$

이 된다.

여기까지 풀어 온 학생은 아마 127이 정답이라고 확신했을 것이다. 그런데 나중에 정답지에서 정답이 128인 것을 확인하고 "아차!" 하는 생각이 들었을 것이다. 생각의 분기점에서 저지른 착각

이 뼈아픈 결과를 낳은 것이다. 상수함수 구간이 자연수 두 개 구간이지만 그것이 꼭 나란히 연결되어 있을 필요가 없고 처음과 끝으로 나누어져도 '미분 가능하지 않은 지점'이 두 개가 된다는 사실을 깨닫지 못한 것이다. 생각의 분기점에서 다른 가능성을 생각해 보지 않고 그냥 반사적으로 떠오른 방향으로만 생각을 전개한 것이다.

여기서 우리는 틀리는 이유 두 가지, 즉 '착안'을 하지 못한 경우와 생각의 분기점에서 올바른 판단을 하지 못한 경우를 목격했다. 이 학생들의 오답노트는 각각 다음과 같이 기록될 것이다.

과목	수학	교재	2015 6월 모평	문제	30번	유형	㉠

어떻게 생각을 이끌어 나가야 할지 몰라서 손도 대지 못함.

(나)조건을 어떻게 처리할지 판단을 하지 못했다.
특히 두 번째 함수 $f(k+t) = 2^t \times f(k) \, (0 < t \leq 1)$가 지수함수가 되는 조건에 대해서 생각하지 못했다.

역시 문제만 많이 푼다고 되는 것이 아니라 혼자 힘으로 생각하는 훈련을 많이 하는 것이 중요하다는 것을 깨달음.

과목	수학	교재	2015 6월 모평	문제	30번	유형	⑧

(다)조건을 고려하면서 그래프의 형태에 대해서 잘못된 판단을 했다.

'미분 가능하지 않은 지점이 두 개'라는 조건에 대해서 너무
성급하게 판단했다.
다른 가능성을 생각해 보고 어떤 것이 최댓값을 더 크게 하는지
비교해 볼 수 있어야 했는데 그냥 반사적으로 떠오르는 그래프만
생각했다.
중요한 지점에서 한 번 더 생각하는 습관을 들여야겠다.

12 과학탐구

과목별 특징

• • •

탐구 과목이 국어, 영어, 수학 과목과 구별되는 결정적인 차이점이 있다. 바로 '선택'의 대상이라는 점이다. 국영수 과목은 모든 수험생이 반드시 선택해야 하는 필수과목이지만 사회탐구와 과학탐구 과목은 여러 과목 중에서 두 개의 과목을 선택하여 수능시험을 치르는 선택과목이다. 그래서 정말 다양한 변수가 존재한다. 그런데 이 변수들은 크게 보면 다음 두 가지 판단 기준으로 귀결된다.

❶ 공부하기에 용이한 과목은 무엇인가?

❷ 대학을 진학하기에 유리한 과목은 무엇인가?

자신이 희망하는 대학과 학과를 전제로 해서 이 두 가지 기준을 잘 적용하여 판단해야 한다. 그런데 문제는 여기에 '일반론'이 존재하지 않는다는 점이다. 예를 들어 다른 과목에 비해 상대적으로 공부하기 쉬운 과목이 꼭 대학 진학에 유리한 과목이라고 볼 수 없다. 왜냐하면 그만큼 그 과목에 많은 학생들이 몰리기 때문에 등급을 따기에 불리할 수 있기 때문이다. 그리고 다른 사람들이 쉽다고 얘기하는 과목이 나한테는 어려울 수 있고 반대로 다른 사람들이 어렵다고 얘기하는 과목이 나한테는 쉬울 수 있다. 그리고 내가 지망하는 학교와 학과의 특성상 다른 사람들이 기피하는 과목을 선택해야 하는 경우도 있다.

이 모든 다양한 변수들을 여기서 일일이 분석할 수는 없다. 그래서 여기서는 두 가지 기준 중에서 첫 번째 기준, 즉 공부하기에 용이한 과목은 무엇이가라는 문제만 간략하게 다루겠다. 두 번째 기준에 관해서는 인터넷을 잠깐만 검색해 봐도 수많은 정보들이 나와 있으니 약간의 노력만 기울이면 판단에 필요한 자료를 확보할 수 있을 것이다.

공부하기에 용이한 과목이란 무엇인가라는 문제 역시 일반론으로 접근할 수 없다. 물론 많은 사람들이 선택하는 과목은 그만큼 많은 수의 사람들이 공부하기 쉽다고 생각한다고 볼 수 있다. 그러나 그 과목이 꼭 나한테 쉽다고 볼 수는 없다. 그래서 이 판단에 가장 중요한 변수는 '다른 사람들이 어떤 선택을 하느냐?'가 아니라 '내가 어떤 사람인가?'다. 나의 생각의 패턴, 나의 공부 스타일을 먼저 고려한 후 다른 사람들의 선택을 보조적인 판단 기준으로 삼아야 한다. 자신의 공부 특성을 고려하지 않고 무턱대고 일반론이나 다른 사람들의 선택 비율을 가지고 판단의 기준으로 삼는다면 공부를 하다가 중간에 후회하는 일이 생길 수 있다.

여기서 나는 과학탐구 과목의 특성을 간략히 정리할 것인데 지금까지 계속 강조해 온 '생각의 흐름'이라는 관점에서 설명할 것이다. 각 과목이 '생각의 흐름'이라는 기준에서 어떤 특성을 가지고 있는지 잘 살펴보고 자신에게 어떤 생각의 흐름이 편하게 느껴지는지 판단하기 바란다. 이렇게 생각의 흐름이라는 관점에서 보는 것이 단순히 '암기력이 좋다', '이해력이 뛰어나다'와 같은 통상적인 기준으로 보는 것보다 더 확실한 판단의 기준을 제시해 줄 것이다.

먼저 큰 그림을 위해서 지식의 스펙트럼을 다시 한 번 활용해 보자. 과학 탐구의 네 과목을 지식의 스펙트럼으로 표현하면 다음과 같다.

생명과학	화학	지구과학	물리

네 과목 중에서 생명과학이 가장 '암기형 지식'에 속하고 물리가 가장 '사고형 지식'에 속한다고 볼 수 있다. 일단 이 스펙트럼을 머

릿속에 두고 각 과목의 특징을 하나씩 알아보기로 하자.

물리

네 과목 중에서 가장 사고형 지식에 속하는 과목이다. 개념과 원리를 정확히 이해하고 그를 토대로 해서 구체적 상황에 응용하는 능력이 가장 필요한 과목이다. '생각의 흐름'이라는 관점에서 보면 수학 과목과 가장 유사하다고 볼 수 있다. 그래서 수학에 자신 있는 학생이라면 물리에 도전해 보는 것도 괜찮은 생각이다. 그러나 수학과 차이 나는 점이 한 가지 있다. 수학은 학문의 성격상 '구체적인 상황'이 주어지는 경우가 드물지만 물리는 구체적인 상황이 주어지는 경우가 많다는 점이다. 그래서 기본적인 개념이 어느 정도 구체적 상황에 적용되어 있는 경우가 많기 때문에 문제를 잘못 해석하면 함정에 빠지는 경우가 많다.

물리라는 학문이 흔히 '천재의 학문'이라고 불리고 있듯이 공부 과정이 다른 과정에 비해 부담스러운 것은 사실이다. 그러나 그렇기 때문에 시험문제 자체는 비교적 쉽게 출제되는 경향이 있다. 어느 정도 계산 능력을 필요로 하지만 실제로 출제되는 문제를 보면 복잡한 계산보다 기본 개념과 원리를 올바로 이해하고 구체적 상황에 적용할 수만 있다면 쉽게 풀리는 문제가 대부분이다. 단, 문제의 조건을 올바로 해석할 수 있어야 한다.

지구과학

암기형 지식의 요소와 사고형 지식의 요소가 적절히 어우러진 과목이라고 볼 수 있다. 지구과학을 구성하고 있는 분야를 크게 보면 지질학, 대기기상학과 해양학, 천문학이다. 지질학은 상대적으로 암기해야 할 내용이 많고 대기기상학과 해양학은 암기할 부분과 원리를 이해해야 하는 부분이 어우러져 있다. 문제는 천문학인데 공간지각 능력이 절대적으로 필요한 영역이다. 게다가 최근 출제 경향을 보면 천문학의 비중이 증가하고 있는 추세다. 따라서 스스로 공간지각 능력이 떨어진다고 생각된다면 지구과학을 선택하는 것은 재고해야 한다.

지구과학의 특성은 한마디로 좀 애매하다고 볼 수 있다. 바로 이런 애매한 성격때문에 지구과학이 공부할 분량이 그리 많지 않음에도 불구하고 상대적으로 화학이나 생명과학보다 선택하는 사람들의 비율이 낮다고 볼 수 있다. 암기 쪽에 자신 있는 학생들은 아예 생명과학 쪽으로 가고 사고과정을 중시하는 학생들은 아예 물리 쪽으로 몰리는 경향이 있기 때문이다. 그런데 이를 반대로 생각하면 암기할 내용이 너무 많은 것을 싫어하면서 어느 정도 원리적 이해에 자신 있는 사람들은 지구과학을 선택하는 것이 현명한 선택이 될 수 있다.

화학

화학과 생명과학이 네 과목 중에서 암기할 내용이 많은 쪽으로 분류된다. 그러나 두 과목 모두 암기형 지식에 치우쳐 있기는 하지만 생각의 흐름이라는 기준에서 보면 암기의 성격에서 차이가 있다. 화학에서는 일단 무식하게 외워야 할 것들이 있다. 원소기호와 원자량 그리고 어마어마한 탄소화합물 종류 등을 외워야 한다. 그러나 모든 것을 이렇게 무식하게 외우면 화학은 매우 지겨운 과목이고 점수를 얻기 힘든 과목이 된다.

화학에서 암기는 원리를 토대로 한 암기다. 원리에 대한 이해가 선행되어야 암기가 잘 된다는 얘기다. 일부 학생들은 골치 아프게 원리를 이해하는 것보다 무조건 암기하는 것이 속 편하다고 생각하는데 이렇게 접근하면 공부 과정도 지겨울 뿐 아니라 중요한 문제에서 함정에 빠지거나 실수를 하기 쉽다. 극단적으로 얘기하면 원리만 제대로 이해하면 암기를 하지 않고서도 문제를 해결할 수 있다. 그러나 이렇게 되면 모든 화학반응을 추론을 통해서 이끌어내야 하기 때문에 시간이 많이 걸린다. 그래서 '원리에 토대를 둔 암기'가 화학을 공부할 때 가장 최적화된 방법이라 볼 수 있다.

생명과학

생명과학은 암기해야 할 분량이라는 측면에서 다른 과목을 압도한다. 그리고 시험문제도 다른 과목, 예를 들어 물리 같은 경우에는 세부적인 내용보다 기본적이고 중심적인 개념에서 출제되지만, 생명과학 같은 경우에는 세부적인 부분에서도 많이 출제되기 때문에 세부적인 내용들에 대한 암기도 소홀히 하면 안 된다. 결국 생명과학에서는 방대한 양의 내용을 어떻게 머릿속에 담느냐가 관건이다. 따라서 생명과학에서 필요한 암기 능력은 화학과 달리 원리를 토대로 한 암기라기보다 '체계화 암기' 능력이라고 볼 수 있다.

일단 커다란 개념을 중심으로 큰 체계를 세우고 다시 그중 하나의 중심 개념을 토대로 하위 체계를 세우는 방식으로 방대한 양의 지식이 여러 단계의 가지를 치며 체계를 이루어야 한다. 그래서 생각의 흐름이라는 관점에서 보면 생명과학을 공부할 때는 뿌리에서 줄기를 거쳐 큰 가지에서 작은 가지로, 또 거기서 더 작은 가지로 뻗어 나가는 커다란 나무가 머릿속에 그려져야 한다. 이렇게 거시적인 큰 개념에서부터 아주 세부적인 내용까지 체계를 세워야 생명과학에서 어떤 문제가 나와도 해결할 수 있다.

틀린 문제 활용법과 오답노트

• • •

이제 과학탐구 과목에서 틀린 문제의 성격과 그에 대해서 오답노트를 작성하는 요령을 살펴 보자. 지면 관계상 물리에서 한 문제, 화학에서 한 문제만 같이 풀어 보겠다. 물리부터 시작해 보자.

물리를 선택한 사람들은 꼭 직접 풀고 나서 해설을 보기 바라고 그렇지 않은 사람들은 항상 얘기하듯이 '생각의 흐름'을 쫓아가면 된다.

문제

그림과 같이 질량이 같은 물체 A와 B가 각각 마찰이 없고 도중에 꺾인 경사면을 따라 내려온다. A, B는 각각 동일 수평면으로부터 높이 h인 지점을 동시에 통과하고 같은 거리만큼 이동하여 동시에 수평면에 도달한다. $\theta_1 < 180° < \theta_2$이다.

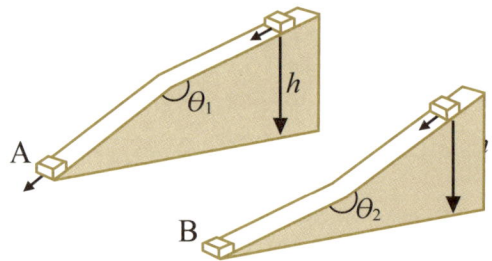

물체가 높이 h인 지점을 지나는 순간부터 수평면에 도달할 때까지, 물체의 운동에 대한 설명으로 옳은 것만을 〈보기〉에서 있는 대로 고른 것은?(단, 수평면에서 중력에 의한 퍼텐셜 에너지는 0이며, 물체는 경사면을 벗어나지 않고, 물체의 크기와 공기 저항은 무시한다.)

[2016 수능 물리I]

〈보 기〉

ㄱ. 중력이 한 일은 A와 B가 서로 같다.

ㄴ. 운동 에너지 변화량은 A와 B가 서로 같다.

ㄷ. 역학적 에너지는 A와 B가 서로 같다.

---

① ㄱ   ② ㄷ   ③ ㄱ, ㄴ   ④ ㄴ, ㄷ   ⑤ ㄱ, ㄴ, ㄷ

이 문제는 오답률이 무려 85%에 이르는 문제였다. 다시 말해서 전체 학생 중에서 오직 15%만 정답을 맞혔다는 얘기다. 그런데 틀린 이유를 알고 나서 많은 학생들이 허탈감에 사로잡혔던 문제기도 하다. 먼저 평가원 측의 해설을 보자.

역학적 에너지 보존

| 정답 맞히기 |

ㄱ. 중력 가속도를 g, A와 B의 질량을 m이라 하면, 같은 높이 h인 지점에서 수평면까지 A, B가 내려오는 동안 중력이 한 일은 mgh로 동일하다.

ㄴ. 높이 h에서 수평면까지 A, B가 내려오는 동안 운동 에너지 변화량은 중력이 물체에 한 일과 같으므로 mgh로 서로 같다.

정답 ③

ㄷ. h인 지점에 두 물체를 가만히 놓으면 같은 거리만큼 이동하는
데 걸리는 시간은 A가 B보다 크다. 그런데 높이 h인 지점을
동시에 통과하고, 같은 거리만큼 이동하여 동시에 수평면에
도달하였으므로 h인 지점을 지나는 순간의 속력은 A가 B보
다 커야 한다. 따라서 h인 지점에서 중력 퍼텐셜 에너지는 같
으므로 역학적 에너지는 A가 B보다 크다.

물리를 공부하지 않았어도 위 해설을 보면 결국 〈보기〉의 ㄷ이
문제라는 것을 알 수 있다. 이 ㄷ은 틀린 진술인데 이것을 맞았다
고 생각한 사람, 즉 선택지 중에서 ㄷ이 포함된 선택지인 ②, ④, ⑤
를 선택한 사람을 모두 더하면 전체의 72%에 달한다. ⑤번을 선
택한 사람은 전체의 59%에 달해서 정답인 ③번을 선택한 사람보
다 네 배나 많다. 이 많은 학생들은 도대체 어떤 착각을 했을까? 사
실 이 문제를 풀기 위해서 필요한 개념과 원리는 아주 기초적인 것
이다. 퍼텐셜 에너지, 일, 운동 에너지, 역학적 에너지 개념과 기본
공식 정도만 이해하고 있으면 풀 수 있는 문제다. 그런데도 이렇게
많은 학생들이 오답을 고른 것이다. 무엇이 문제였을까?

ㄷ이 옳다고 생각한 학생 중 대부분은 h지점에서 운동이 시작되
었다고, 다시 말해서 h지점에서 속력이 0이라고 생각한 것이다. 문제

의 조건을 보면 '높이 h인 지점을 동시에 통과하고'라고 표현되어 있다. 문제 어디에도 h지점에서 속력이 0이라는 얘기는 없다. 그런데 자기 멋대로 그렇게 생각해 버린 것이다. 이런 착각은 왜 생겨난 것일까?

그 이유는 공부하는 과정에서 늘상 경사면에서 공을 내려 놓는 경우, 즉 속력이 0에서 출발하는 경우를 많이 보아 왔기 때문에 의당 이 문제도 그러려니 한 것이다. 그렇기 때문에 이어지는 생각의 흐름이 '높이가 같고, 중력 퍼텐셜 에너지 변화량도 같고, 운동 에너지 변화량도 같으니 역학적 에너지도 같다'는 식으로 흘러간 것 때문이다. 문제를 잘못 읽는 실수가 잘못된 생각의 흐름을 만들어 낸 것이다.

그런데 물리학을 올바로 공부한 학생이라면, 다시 말해서 앞에서 설명했듯이 기본 개념과 원리를 구체적 상황에 적용하는 훈련이 잘되어 있는 학생이라면 설사 처음에 문제를 잘못 읽었어도 문제를 해결해 가는 과정에서 그것을 바로잡을 수 있었을 것이다. 처음에 '높이 h인 지점을 동시에 통과하고'를 주목하지 못했거나 혹은 이를 'h지점에서 속력이 0이다'라거나 'h지점에서 속력이 같다'라는 의미로 해석했다고 할지라도 그 다음에 나오는 그림을 보면서 꺾인 각도가 다른 두 개의 경사면이 문제 해결의 관건이라는 점에 주목할 수 있어야 했다. 이 다른 각도로 꺾인 경사면을 고려하지 않은 채 문제를 풀려고 했다면 그것은 문제에서 주어진 '구체적 상황'을 무시한 것으로 볼 수밖에 없다.

경사면의 꺾인 모양을 고려할 때 처음에 같은 속력으로 출발했다면(속력이 모두 0인 경우를 포함하여) 수평면에 도달하는 데 걸리는 시간은 A가 B보다 더 길어야 한다. 그런데 문제의 조건을 보면 '동시에' 도착한다고 되어 있다. 그렇다면 h지점에서의 속력은 A가 B보다 커야 한다는 결론이 나온다. 그리고 속력이 크면 당연히 역학적 에너지도 A가 B보다 커야 하는 것이다. 경사면의 꺾인 모양을 고려하면 이 점을 반드시 생각해야 하는 것이다.

이 문제를 틀린 학생의 오답노트는 다음과 같이 두 가지로 정리해 볼 수 있다. 먼저 문제를 잘못 읽은 것을 반성하는 학생의 경우다.

| 과목 | 물리I | 교재 | 2016 수능 | 문제 | 19번 | 유형 | ②③ |

'높이 h인 지점을 동시에 통과하고'라는 표현을 h인 지점에서 속력이 0이라는 의미로 착각했다.

경사면 문제의 통상적인 유형에 너무 길들여져서
문제에 주어진 조건을 깊이 생각해 보지 못했다.
항상 문제의 한 구절 한 구절을 꼼꼼히 읽고
문제에 주어진 조건을 정확히 파악하려는 태도를 가져야 할 것!

다음은 구체적 상황을 고려하지 못한 것을 반성하는 학생의 경우다.

경사면의 꺾인 각도가 다르다는 것이 지닌 의미를 제대로 고려하지 않아서 도식적인 사고를 했다.

역학적 에너지 $= mgh + \dfrac{1}{2}mv^2$ 라는 공식만 생각해서 역학적 에너지가 같다고 단정했다.

경사면의 각도가 꺾여 있는 상황을 구체적으로 고려할 생각을 못했다.

만약 이 상황을 고려했다면 초기 속도가 같지 않아야 한다는 것을 생각해 낼 수 있었을 것이다.

문제의 상황은 항상 '출제 의도'가 담겨 있다는 점을 명심하자.

이제 화학 과목에서 틀린 문제와 오답노트를 살펴볼 차례다. 화학을 선택한 학생은 꼭 자신의 힘으로 풀어 보고 해설을 보기 바란다. 그렇지 않다면 '생각의 흐름'에 주목하면서 따라오면 된다.

문제

표는 요오드(I), 염소(Cl)로 이루어진 이원자 분자 A~C의 핵간 거리와 결합 에너지를 나타낸 것이다.

	핵간거리(nm)	결합 에너지(kJ/몰)
A	0.199	242
B	0.232	211
C	0.267	152

A∼C에 대한 설명으로 옳은 것만을 〈보기〉에서 있는 대로 고른 것은? [2011 6월 모평]

```
┌─────────────── 〈 보기 〉 ───────────────┐
│                                          │
│   ㄱ. A는 $I_2$이다.                      │
│                                          │
│   ㄴ. B는 극성이다.                        │
│                                          │
│   ㄷ. 끓는점은 A가 C보다 높다.              │
│                                          │
└──────────────────────────────────────────┘
```

① ㄴ   ② ㄷ   ③ ㄱ, ㄴ   ④ ㄱ, ㄷ   ⑤ ㄱ, ㄴ, ㄷ

이 문제의 정답은 ①번인데 정답률이 40%다. 오답을 고른 학생이 60%라는 얘긴데 아마 선택지 중에 ㄴ, ㄷ이 있었으면 오답률은 훨씬 더 높아졌을 것이다. 왜냐하면 ②번 즉 ㄷ만 옳다고 선택한 사람이 27%인데 만약 선택지에 ㄴ, ㄷ이 있었다면 정답 ①번을 고른 학생 중 상당수와 ②번을 고른 학생 중 상당수가 그쪽으로 옮겨 갔을 것이기 때문이다. 어쨌든 여기서도 학생들을 헷갈리게 만든 주범은 〈보기〉의 ㄷ 진술이다. 여기서도 일단 평가원 측의 해설을 보자.

ㄱ. 요오드(I), 염소(Cl)로 이루어진 이원자 분자는 I_2, Cl_2, ICl이
다. 따라서 핵간거리가 가장 작은 A의 경우가 Cl_2, 핵간거리가
가장 큰 C의 경우가 I_2이고, B의 경우가 ICl이다.

ㄴ. B는 이원자 분자로 직선 모양의 분자 구조를 가지며, 전기 음
성도가 서로 다른 두 원자가 결합한 분자이므로 극성을 나타
낸다.

ㄷ. A는 Cl_2, C는 I_2이므로 분자량이 작은 A가 C보다 끓는점이 낮다.

ㄷ에 대한 설명이 매우 단순하다. 이렇게 단순한 설명으로 ㄷ이
옳지 않은 진술임이 충분히 해명되는 것이라면 왜 많은 학생들이
ㄷ을 옳다고 생각했을까? 여기서 잠시 해설과 문제를 번갈아 보면
서 이상한 점을 하나 발견해 보기 바란다. 주의 깊은 사람이라면
화학 과목을 공부하지 않았을지라도 발견할 수 있을 것이다.

그렇다. 문제의 조건 중 하나인 표의 내용 중에서 해설에서 전혀
언급되지 않는 부분이 있다. 그것은 결합 에너지라는 항목인데 해
설 어디에서도 그것을 근거로 설명을 해 놓은 부분이 없다. 이것이
무슨 의미일까? 바로 이 항목이 함정이라는 얘기다. ㄷ이 옳은 진
술이라고 생각한 학생들은 아마도 이 결합 에너지라는 항목의 수
치들을 근거로 ㄷ이 옳다고 생각했을 것이다.

ㄷ을 옳다고 생각한 학생들은 공부 과정에서 이렇게 암기했을 것이다. "결합 에너지가 클수록 끓는점이 높다"라고 말이다. 바로 여기서 앞서 말한 단순 암기의 문제점이 드러난다. 일반적으로(보다 정확하게 말해서 금속결정, 이온결정, 원자성 공유결합물질의 경우에는) 결합 에너지가 클수록 끓는점이 높다. 그런데 문제에서 제시된 I_2, Cl_2, ICl 는 분자성 공유결합물질(이 문제에서는 이원자 분자)이다. 여기서 극성이냐 무극성이냐가 고려되면 약간 복잡해지지만 ㄷ의 경우에는 무극성인 I_2, Cl_2만 비교하고 있기 때문에 여기서 끓는점의 높고 낮음을 결정하는 것은 분자량이다.

공부 과정에서 이온결합과 분자성 공유결합의 원리를 이해하고 그에 따라 끓는점을 결정하는 요인을 이해하고 나서 암기한 학생들은 이 문제에서 함정에 빠지지 않을 것이다. 그러나 단순한 암기에 의존해서 공부한 학생들은 여지없이 함정에 빠질 것이다. 앞서 화학에서의 암기가 원리 이해에 토대를 둔 암기여야 한다고 한 이유가 바로 여기에 있다.

이 문제에서 오답을 고른 학생의 오답노트를 보자.

과목	화학II	교재	2011 6월 모평	문제	13번	유형	④⑤

이원자 분자인 걸 생각 못하고 "결합 에너지가 클수록 끓는점이 높다"
는 생각만 했음.

개념과 원리를 이해하고 구별하는 노력을 하지 않고 무턱대고
암기하는 방식으로 공부해 온 것이 잘못인 것 같다.
화학에서는 단순무식하게 암기하는 것이 능사가 아니라는 것을 깨달았다.

이해가 우선이고 암기는 그다음이다!!!

13 / 사회탐구

과목별 특징

. . .

2017년 수능부터는 한국사가 필수과목으로 바뀌어서 사회탐구 과목의 수가 총 열 개에서 아홉 개로 줄어들었다. 그러나 여전히 많은 숫자다. 과학탐구 과목이 여덟 개 과목이라고 해도 총 네 개의 과목이 I과 II로 나누어져 있어서 과목 간 연계성을 고려하면 네 과목이라고 불러도 무방한 반면 사회탐구 과목은 아홉 개 과목이 모두 서로 다른 과목이기에 선택의 폭이 더 넓다고 볼 수 있다. 그래서 학생들이 선택의 어려움을 겪고 있다.

이렇게 과목이 많기는 하지만 계열별로 분류해서 보면 선택하기가 더 용이해진다. 다음 표를 보자.

단락	과목	특징
일반 사회	사회문화	사회문화 현상에 대한 다양한 이론을 소개하는 과목이다. 일반 사회 계열에서는 가장 쉬운 편에 속해서 많은 학생 들이 선택한다.
	법과 정치	기본 개념을 이해하고 시사 쟁점에 적용하는 문제가 많이 출제된다. 일반 사회 계열에서 가장 공부할 양이 많다.
	경제	학생들이 가장 까다로워 하는 과목이다. 사회 과목이지만 수학적 사고를 요하는 부분이 많다. 전체 사회탐구 과목 중에서 가장 선택 비율이 낮은 과목이다.
역사	세계사	내용이 방대해서 암기해야 할 분량이 매우 많다. 문제는 그리 어렵지 않게 출제된다.
	동아시아사	개설된 지 얼마 안 되었다. 공부할 내용은 세계사에 비해 적지만 암기할 내용은 만만치 않다.
지리	한국지리	자연지리와 인문지리 단원으로 나뉘어 있다. 자연지리는 지도와 지형도를 중심으로 출제되고 있으며 인문지리는 핵심 개념을 자료나 도표에 적용하는 능력이 필요하다.
	세계지리	사회탐구 과목 중에서 가장 이과적 성격이 짙은 과목이다. 역시 자연지리와 인문지리로 이루어져 있는데 공부할 내 용은 많지만 문제는 대체로 쉽게 출제된다.
윤리	생활과 윤리	전체 사회탐구 과목 중에서 가장 공부할 양이 적다. 그래서 가장 많은 학생이 선택한다. 그러나 한 문제 차이로 등급이 달라질 수 있기 때문에 등급 받기는 그리 쉽지 않다.
	윤리와 사상	철학자와 사상가들이 대거 등장한다. 비슷한 주제에 관해 서 다른 견해를 가진 사상가들의 차이점을 구별할 수 있 어야 한다. 추상적인 내용들이 많다.

계열별 특징을 잠깐 정리해 보자. 일반사회 계열이 가장 사회 탐

구적인 과목이라 할 수 있다. 사회 현상에 대한 이론적 접근이 과

목의 기본 성격이라 보면 된다. 사회 이론이라는 것이 복잡한 사회 현상을 기본 개념을 통해서 설명하는 것이기 때문에 기본 개념에 대한 이해가 무엇보다 중요한 과목이다. 그리고 그 개념을 이용해서 구체적 사회 현상을 설명할 수 있어야 하기 때문에 개념의 적용 역시 중요하다. 앞서 정식화한 '개념 – 원리 – 적용'이라는 생각의 흐름이 가장 전형적으로 적용되는 분야라고 보면 된다.

역사 계열은 암기할 내용이 가장 많은 과목이다. 암기도 어떤 개념을 중심으로 이루어지는 것이 아니기 때문에 체계화시키기 힘들다. 그래서 암기에 자신 없는 사람은 역사 계열, 특히 세계사는 선택하지 않는 것이 좋다. 그러나 역사 과목의 암기에도 생각의 흐름이 적용될 수 있다. 각 시대별로 그 시대를 관통하는 어떤 특징들이 있고 그 시대별로 중요하게 취급해야 할 영역들이 존재하기 때문에 그 부분을 중점적으로 보아 두면 좋은 성적을 얻을 수 있다.

지리 계열은 사회 탐구 과목 중에서 가장 이과적인 성향을 갖고 있다. 특히 지구과학과의 연계성이 두드러진다. 그래서 암기할 내용도 꽤 있는 편이고 자연과학적인 원리에 대한 이해도 필요하다. 문과 학생이지만 이과적 성향이 있는 학생들이 선택하며 상대적으로 공부하기에 편하다고 볼 수 있다.

윤리 계열은 사상과 이념에 대한 이해가 가장 중요한 과목이다. 따라서 추상적인 개념에 거부감을 갖는 학생들은 선택하지 않은 것이 좋고 반대로 추상적인 개념에 익숙한 학생일수록 유리하다.

다른 계열에 비해 상대적으로 공부할 내용이 많지 않은 점이 장점이지만 그냥 단순 암기를 하면 헷갈리기가 쉽다. 하나의 주제에 대해서 다른 견해를 가진 사상가들을 잘 정리해 두는 것이 필요하다.

사회탐구 과목을 공부하는 데 있어서 중요한 두 가지를 지적하겠다. 첫째, 사회탐구 과목이 '생각의 흐름'이라는 개념에 가장 잘 들어맞는 과목이라는 점이다. 다시 말해서 사회탐구 과목을 공부할 때 대단원, 중단원, 소단원별로 커다란 생각의 흐름을 머릿속에 정리하려 노력한다면 다른 과목에 비해 손쉽게 효율적인 공부를 할 수 있다. 그래서 사회탐구 과목은 다른 어떤 과목보다 교과서를 중심으로 공부하는 것이 중요하다. 교과서에 나와 있는 생각의 흐름을 쫓아간다는 생각으로 공부한다면 대부분의 과목에서 좋은 성과를 낼 수 있다.

둘째, 논술 전형으로 대학을 준비하는 학생이라면 반드시 선택해야 할 과목들이 존재한다는 점이다. 사회문화, 경제, 법과 정치, 윤리와 사상 과목은 논술을 준비하는 데 매우 도움이 되는 과목들이다. 그렇기 때문에 논술을 준비하는 학생들은 이들 중 두 과목을 선택하는 것이 매우 효율적인 선택이 될 수 있다. 왜냐하면 논술을 대비하려면 매우 심층적으로 공부해야 하기 때문에 교과 내용에 대한 이해가 더 깊어져서 수능시험도 잘 볼 수 있기 때문이다.

일반사회 계열에서
틀린 문제 활용법과 오답노트

· · ·

사회탐구 영역의 틀린 문제와 오답노트 작성 요령을 알아볼 차례다. 각 계열별로 한 문제씩 공부해 보자. 먼저 일반사회 계열에서 가장 많이 선택하는 사회문화 과목의 문제다.

문제

다음 글에 대한 옳은 설명만을 〈보기〉에서 있는 대로 고른 것은?[2011 고3 9월 모평]

> ☆☆기업 부장인 갑은 가족에게 이번 주말 저녁에 국가대표 축구 평가전 응원을 나가자고 제안했다. 그런데 아들 을이 모의고사에서 좋은 성적을 받기 위해서는 공부할 시간이 필요하다며 집에서 TV를 보면서 응원하겠다고 해서 고민에 빠졌다. 자녀와의 친밀도를 높이기 위해서는 아들을 데리고 가야겠지만, 성적 향상을 위해서는 집에 남겨 두어야 하기 때문이다. 갑의 아내 병은 을이 시험에서 좋은 성적을 받기 위해서는 집에서 공부해야 한다고 생각한다.

〈 보 기 〉

ㄱ. 갑은 비공식적 사회화 기관의 구성원이다.

ㄴ. 을은 역할에 대한 보상을 기대하고 있다.

ㄷ. 갑과 을은 역할 갈등을 경험하고 있다.

ㄹ. 을과 병은 동일한 공동 사회에 속해 있다.

---

① ㄱ, ㄷ

② ㄱ, ㄹ

③ ㄴ, ㄷ

④ ㄱ, ㄴ, ㄷ

⑤ ㄴ, ㄷ, ㄹ

먼저 이 문제에 대한 정답률과 보기 선택 비율을 보면 다음과 같다.

정답	정답률	보기 선택 비율				
		①	②	③	④	⑤
②	42.02%	6.7%	42.02%	7.2%	27.2%	17.3%

보기의 항목들을 하나씩 검토하면서 오답을 고른 이유를 생각해 보겠다.

ㄱ. ☆☆기업은 비공식적 사회화 기관이자 2차적 사회화 기관
에 해당하며, 가족은 비공식적 사회화 기관이자 1차적 사회
화 기관에 해당함으로 옳은 설명이다. 이 진술이 틀렸다고
생각한 사람의 비율은 ③번과 ⑤번을 선택한 비율을 합쳐
서 전체의 25% 정도다. 틀렸다고 생각한 이유는 가족은 비
공식적 사회화 기관이지만 회사는 공식적 사회화 기관이라
고 생각했기 때문일 것이다. 가정과 회사를 대비해서 회사
생활을 공식적인 생활이라고 보는 통념에 따른 선택이라
보인다. 공부할 때 주요 개념을 정확하게 이해하지 못했기
때문에 나타난 귀결이다.

ㄴ. 좋은 성적이 보상에 해당하는데, 보상은 역할이 아니라 역
할 행동을 기준으로 이루어진다. 역할은 어떤 지위의 개인
에게 기대되는 행동 양식이고, 역할 행동은 주어진 역할을
구체적으로 수행하는 방식을 말한다. 이 진술이 옳다고 생
각한 사람 역시 공부할 때 주요 개념을 정확하게 이해하지
못했다고 평가할 수 있다. 전체의 52(51.7)%정도가 이에 해
당된다.

ㄷ. 역할 갈등에 대한 내용은 지문에 나와 있지 않다. 역할 갈등
은 한 개인이 가진 여러 지위로 말미암아 그에 따른 역할들

사이에 충돌이 일어나는 것을 말한다. 이 항목이 옳다고 생각한 사람은 갑과 을이 갈등 상황에 있다고 보아서 그랬을 것이다. 갑과 을이 갈등하고 있다고 보기도 힘들지만 설사 갈등하고 있다고 해도 그것은 역할 갈등이 아니다. 역할 갈등은 한 사람이 그에게 기대되는 여러 가지 역할 사이에서 갈등하고 있는 것을 말하는 것이기 때문이다. 여기서도 역시 정확한 개념 이해의 중요성이 부각된다. 이 항목이 옳다고 생각한 사람은 전체의 58(58.4)%에 이른다.

ㄹ. 을과 병은 한 가족이고, 가족은 공동 사회이므로 당연히 옳은 설명이다. 그럼에도 이것이 틀렸다고 생각한 사람이 41(41.7)%나 된다.

일반사회 계열 시험에서 '개념에 대한 정확한 이해'와 그 개념을 구체적 상황에 적용하는 것이 얼마나 중요한지 이 문제를 통해서 알 수 있었으리라 본다. 사회탐구 과목, 특히 그중에서도 일반사회 계열은 중심 개념을 정확히 이해하고 그것을 구체적 상황에 적용할 수 있으면 거의 대부분의 문제를 맞힐 수 있다. 다음은 이 문제를 틀린 학생의 오답노트 샘플이다.

역할과 역할 행동이라는 개념을 혼동. 역할 갈등 개념에 대해서 정확히 이해하지 못하고 있었음.

사회문화 과목에서 나오는 개념들을 정확히 이해하려 하지 않고 그냥 평소에 사용하던 개념대로 문제를 해결하려 했다.

사회탐구 과목에서는 개념이 중요하다는 말을 듣긴 들었지만 별로 신경 쓰지 않았던 것 같다.

역사 계열에서
틀린 문제 활용법과 오답노트

• • •

이제 역사 계열에서 한 문제 풀어 보겠다. 세계사 과목의 문제다.

문제

(가), (나) 문서에 대한 설명으로 옳은 것은? [2013 수능 세계사]

(가) 러시아의 농노는 적절한 시기에 자유로운 농민으로서의 모든 권리를 갖는다. 지주가 허락한다면 영구 사용권이 주어진 경지나 그 밖의 쓸모 있는 땅도 자기 소유로 할 수 있다. 농노는 토

지를 지주로부터 되사는 것으로써 지주에 대한 의무에서 벗어나 자유로운 농민이 된다.

(나) 상트페테르부르크(페트로그라드) 등 짐의 제국 일부에서 발생한 소요 사태에 통탄을 금할 수 없다. 이에 다음과 같은 개혁 조치를 단호하게 명령한다. 양심, 언론, 집회, 결사의 자유 등 시민적 자유가 인정될 것이다. 투표권이 없는 주민의 각 계층에게 두마(의회)에 참여하는 길이 열릴 것이다. 두마의 승인 없이 어떠한 법도 효력을 가질 수 없다.

① (가) - 니콜라이 1세에 의해 반포되었다.

② (가) - 크림전쟁 패배를 배경으로 포고되었다.

③ (나) - '피의 일요일' 사건이 발생하는 원인을 제공하였다.

④ (나) - 토지 재분배와 헌법 제정 의회의 소집을 약속하였다.

⑤ (나) - 제1차 세계대전 중의 불리한 전세 속에서 발표되었다.

이 문제의 정답률과 보기 선택 비율은 다음과 같다.

정답	정답률	보기 선택 비율				
②	23.6%	①	②	③	④	⑤
		12.4%	23.6%	13.5%	23.6%	16%

역사 문제를 틀리는 이유는 매우 단순하다. 공부가 부족하거나 공부를 했어도 암기가 제대로 안 되어 있기 때문이다. 역사 과목에서도 암기를 제대로 하기 위해서는 '생각의 흐름'을 이용할 수 있어야 한다. 역사에서 '생각의 흐름'을 도식으로 표현하면 다음과 같다.

```
   배경            사건            결과
  (원인)       (주체, 연도)      (다른 사건)
                    |
                 ┌──────┐
                 │ 내 용 │
                 └──────┘
```

다른 사회 과목에서 가장 중심이 되는 것이 '개념'이었다면 역사 과목에서 가장 중심이 되는 것은 '사건'이다. 사건을 중심에 놓고 보면 왼쪽에는 사건이 나타나게 된 배경(간접적 원인)이나 직접적인 원인이 있다. 이 배경이나 원인 때문에 사건이 발생한 것이다. 그리고 사건에서 중요한 것은 주체(인물)인데 주체는 한 사람일 수도 있고 여러 사람일 수도 있다. 연도는 아주 중요한 사건인 경우에 외워 두어야 하지만 그렇지 않은 경우에는 사건들 사이의 전후 관계만 확실히 아는 것으로 충분하다.

그리고 사건의 세부적인 내용이 아래쪽에 존재한다. 사건과 내용의 연관 관계를 확실히 기억해 두어야 한다. 역사 시험에서 가장

빈번히 출제되는 유형이 어떤 내용을 보기로 주고 그것이 어떤 사건을 지시하는지 묻는 문제인데 이렇게 공부해야 정답을 맞힐 수 있다. 사건의 오른쪽에는 사건으로 인해 발생한 다른 사건이 있다. 이것이 역사 과목에서 생각의 흐름의 한 단위고 이 단위들이 연쇄적으로 연결되어 있는 것이 역사의 진행 과정이라고 볼 수 있다.

이 도식에 따라서 문제를 분석해 보자. 일단 이 문제는 지문으로 주어진 (가)와 (나)가 어떤 사건을 지시하고 있는지 파악할 수 있어야 한다. 이것을 파악하지 못했다면 이 문제는 풀 수가 없다. 도식에 따를 때 사건과 내용의 연관 관계를 파악하고 있어야 한다는 얘기다. 이것이 역사 과목에서 가장 중심을 이루는 내용이고 반드시 암기해야 하는 대상이다. 이 관계를 파악한 사람은 (가)가 러시아 농노해방을 지시하고 있고 (나)가 '피의 일요일 사건'과 관련되어 있다는 점을 파악했을 것이다.

먼저 (가)를 도식으로 설명해 보자면 다음과 같다.

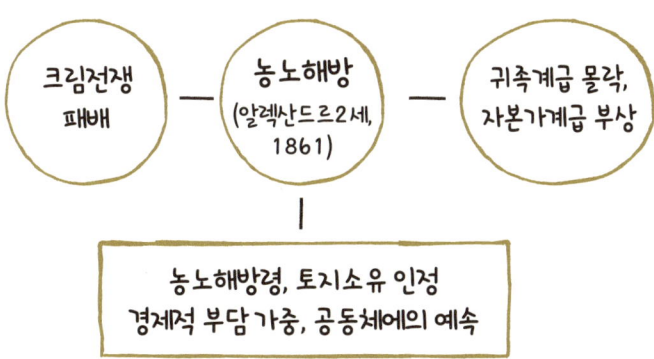

크림전쟁의 패배를 계기로 러시아의 낙후성을 벗어나고자 고심하던 알렉산드르 2세가 귀족계급을 설득하여 농노해방을 단행했다. 해방된 농노들은 신분적 제약에서는 벗어났지만 경제적 부담이 가중되었으며 그로 인해 계급의식이 투철해졌다. 농노해방은 이렇게 불완전한 것이었지만 결과적으로 귀족계급이 몰락하고 자본가계급이 부상하게 되는 계기가 되었다.

이제 (나)에 관해서 도식을 적용해 보자. (나)는 정확하게 말하면 '피의 일요일 사건'이 아니라 그 사건을 계기로 니콜라이 2세가 약속한 자유주의 개혁이다.

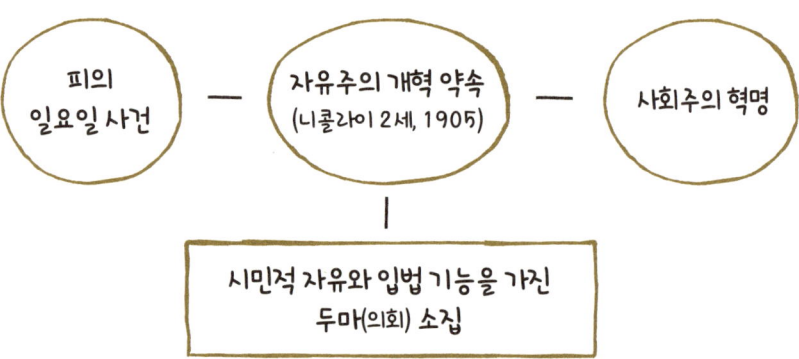

러시아 군대에 의해 1000명이 넘는 노농자가 사살된 '피의 일요일' 사건으로 인해 전국적인 파업과 시위가 이어지자 니콜라이 2세는 1905년 10월 시민적 자유와 입법 기능을 가진 국가 두마(의회)

소집을 허락하는 '10월 선언'을 발표한다. 이 '피의 일요일' 사건은 향후 러시아의 사회주의 혁명에 이르는 도화선 역할을 하였다.

이렇게 정리하고 나서 선택지들을 하나씩 평가해 보자.

① (가)는 니콜라이 1세가 아니라 알렉산드르 2세에 의해 반포되었다. 틀린 설명이다.

② (가)는 크림전쟁 패배를 배경으로 포고되었다. 옳은 설명이다.

③ (나)는 '피의 일요일' 사건이 발생하고 나서 그에 대한 대응책으로 나온 것이다.

④ 토지 재분배와 헌법 제정 의회의 소집은 러시아 혁명 이후 레닌에 의해 추진된 것이다.

⑤ 제1차 세계대전은 1914년에 시작되었다. 즉 '피의 일요일' 사건 이후에 일어난 일이다.

앞의 도식이 하나의 생각의 흐름으로 정리되어 있는 사람은 어렵지 않게 문제를 해결했을 것이다. 그러나 그런 학생이 많지 않았기 때문에 정답률이 24% 정도에 그치고 만 것이라 볼 수 있다. 오답노트는 다음과 같은 내용이 될 것이다.

러시아 농노해방과 '피의 일요일' 사건에 대해서 공부가 되어 있지 않음.

세계사 공부 방법에 문제가 있다.
단순하게 암기하려 했기 때문에 사건들의 인과 관계와
선후 관계가 올바로 정립되지 않았다.
사건들의 연결 고리를 염두에 두면서 공부해야 할 것!!

윤리 계열에서
틀린 문제 활용법과 오답노트

• • •

이제 윤리 계열에서 한 문제 풀어 보자. 윤리와 사상 과목의 문제다.

문제

㉠에 들어갈 진술로 가장 적절한 것은? [2014 수능 윤리와사상]

갑: 나는 최대의 유용성을 산출하는 행위 규칙을 선정한 다음 이
　　규칙과 일치하는 행위를 한다면 옳은 행위라고 생각해.

을: 아니야. 나는 개별적인 행위가 산출하는 쾌락과 고통의 전체
　　값에 따라 행위의 옳음이 평가되어야 한다고 생각해.

갑: 그렇다면 네가 너의 곤란한 상황을 해결하기 위해 나에게 거짓말을 하는 것은 옳은 행위일까?

을: 내가 그 상황에서 거짓말을 하는 것이 하지 않는 것보다 더 큰 선을 산출하는 경우에만 옳은 행위이지.

갑: 내 생각에 너는 너의 _____ ㉠ _____.

① 거짓말을 평가하는 데 있어 유용성의 중요성을 간과하고 있어.

② 거짓말은 실천 이성이 세운 도덕 법칙에 위배됨을 강조하고 있어.

③ 거짓말은 유용성이 이미 검증된 규칙에 위배됨을 강조하고 있어.

④ 거짓말이 그 자체로서 옳은 행위가 아니라는 것을 간과하고 있어.

⑤ 거짓말이 낳을 유용성을 계산하기 어렵다는 것을 간과하고 있어.

이 문제의 정답률과 보기 선택 비율은 다음과 같다.

정답	정답률	보기 선택 비율				
		①	②	③	④	⑤
⑤	39.4%	13.3%	4.3%	11%	32%	39.4%

이 문제는 갑의 입장에서 을의 입장을 비판하는 견해를 빈 칸에 채워 넣는 형식의 문제다. 갑과 을의 대화라는 구체적 상황이 주어져 있는데 그 대화로부터 갑과 을의 입장이 어떤 윤리 사상을 대변하는지 파악하는 것이 문제 풀이의 선결 조건이다. 우리의 '생각의 흐름' 도식에 따를 때 개념(여기서는 윤리 사상)과 적용(사례)를 적절하게 연결시킬 수 있는지를 묻는 문제라고 할 수 있다.

갑과 을의 대화 속에서 더 쉽게 윤리적 입장을 파악할 수 있는 사람은 을이다. "개별적인 행위가 산출하는 쾌락과 고통의 전체 값에 따라 행위의 옳음이 평가되어야 한다"는 것은 목적론적 윤리설의 대표적 학설인 공리주의에 해당한다고 쉽게 추론할 수 있다. 문제는 갑인데, 갑의 말 중에서 "규칙과 일치하는 행위를 한다면 옳은 행위라고 생각해"라는 부분만 주목하면 갑의 입장을 의무론적 입장, 즉 옳은 행위는 행위 그 자체가 옳기 때문에 그것을 따라야 한다는 입장이라고 오해할 수 있다. 이렇게 오해를 한 사람들이 오답 중에서 가장 비율이 높은 ④번을 선택한 것이다.

갑의 말 속에서 먼저 주목해야 할 부분은 "최대의 유용성을 산출하는 행위 규칙을 선정"한다는 부분이다. 이 부분을 주목하고 을의 말과 비교해 보면 갑의 입장이 규칙 공리주의이고 을의 입장이 행위 공리주의라는 것을 알 수 있다. 규칙 공리주의의 입장에서 볼 때 행위 공리주의는 개별 행위들이 산출할 유용성을 계산하는 것이 어렵다는 것을 간과하고 있다. 따라서 정답은 ⑤번이 된다.

사실 공리주의를 제대로 공부한 사람이라면 이 문제는 그리 어렵지 않다. 그런데 공부 과정에서 어떤 일이 있었기에 이 쉬운 문제의 정답률이 이리 낮은 것일까? 그 이유는 너무 이분법적이고 도식적인 공부를 했기 때문이다. 윤리 사상 부분에서 가장 눈에 띠는 중심 개념이 목적론과 의무론의 대립 구도인데 이 부분을 너무 이분법적으로 공부했기 때문에 "목적론인 공리주의를 '규칙'을 강조하면서 비판하는 것은 의무론이야"라고 단정 지어 버린 것이다.

앞서 얘기했듯이 윤리와 사상 과목에서 가장 중요한 것이 비슷한 주제에 관해서 다른 견해를 가진 사상가들의 차이점을 구별하는 일이다. 그런데 그것을 너무 이분법적이고 도식적으로 공부하게 되면 위와 같은 실수를 범하게 된다. 구별은 하되 구별의 기준을 명확하게 이해하고 구별하는 것이 필요하다. 이 문제를 틀린 학생의 오답노트는 다음과 같다.

과목	윤리와사상	교재	2014 수능	문제		유형	④⑥

갑의 입장이 규칙 공리주의인 것을 파악하지 못했음.
규칙이라는 말 때문에 의무론 입장인 줄 착각했다.

공부할 때 목적론과 의무론의 대립만 중요하게 생각하고
공리주의 안에서 규칙 공리주의와 행위 공리주의의 차이에 대해서
제대로 공부하지 못했다.
문제에서 보고 싶은 것만 보고 핵심 내용을 제대로 파악하지 못하는
실수를 범했다.

지리 계열에서
틀린 문제 활용법과 오답노트

• • •

이제 마지막으로 지리 계열에서 한 문제 풀어 보자.

문제

그래프는 교통수단별 국내 여객 수송 분담률 변화를 나타낸 것
이다. A~D 교통수단에 대한 설명으로 옳은 것은? [2013 고3 9월 모평]

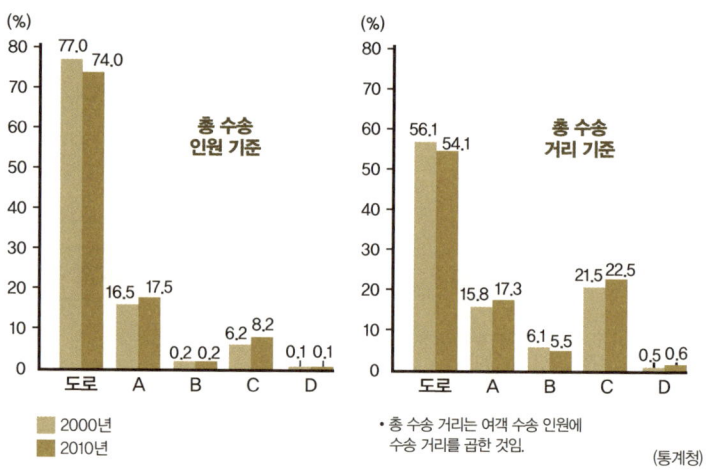

① A는 B보다 국제 여객 수송 분담률이 높다.

② B는 D보다 단위 거리당 운송비 체감률이 높다.

③ C는 D보다 국내 화물 수송 분담률이 높다.

④ D는 A보다 기동성과 문전 연결성이 우수하다.

⑤ 기종점 비용은 B > D > C 순이다.

정답	정답률	보기 선택 비율				
		①	②	③	④	⑤
⑤	35.6%	8.8%	18.6%	33%	4%	35.6%

그래프를 해석하는 문제다. 이 문제를 풀기 위해서는 그래프를 해석하기 위한 기본 개념들을 이해하고 있어야 하며 그래프의 수치가 의미하는 바를 이해할 수 있는 응용 능력이 필요하다. 이 문제는 말하자면 자료 해석 문제인데 지리 과목이 사회탐구 과목 중에서 이과적인 성격이 짙다는 점을 보여 준다. 총 수송 인원 기준과 총 수송 거리 기준으로 가장 높은 이용률을 보이는 도로는 그래프 상에 주어져 있고 나머지 운송수단은 알파벳으로 표시되어 있다. 먼저 이 A, B, C, D가 무엇을 나타내는지 파악하는 것이 관건이다.

일단 A, C를 비교해 보면 (도로를 제외하고) A가 수송 인원 기준으로 가장 높고 C가 수송 거리 기준으로 가장 높다. A는 단거리 이용자 수가 많다는 얘기고 C는 장거리 이용자 수가 많다는 얘기다. 그렇다면 A는 지하철, C는 철도가 된다. 그 다음으로 이용자 수가 적은 B와 D를 비교해 보면 수송 인원 기준으로 볼 때 둘 다 너무 미미한 비율이지만 B가 더 높다는 것을 알 수 있다. 그런데 수송 거리 기준으로 볼 때는 B가 D보다 압도적으로 많다. 가장 장거리 운송 수단은 항공이므로 B가 항공이고 D가 해운이 된다.

일단 여기까지 파악했다면 반은 해결한 셈이다. 정답부터 말하자면 ⑤번인데, 기종점 비용은 상·하역비와 같이 주행하지 않아도 들어가는 비용으로 항공이 가장 높고 해운, 철도, 도로의 순으로 낮아지기 때문이다. 이제 오답 선택지들을 검토해 보자.

① 항공은 주로 국제 여객 수송에 많이 이용되지만 지하철은 국제 여객 수송이 없다. 따라서 지하철이 항공보다 국제 여객 수송 분담률이 높다는 것은 틀린 진술이다.

② 단위 거리당 운송비는 총 운송비를 총 이동거리로 나눈 것이다. 총 운송비의 증가율이 작을수록 단위 거리당 운송비의 체감률이 높다. 항공은 해운보다 총 운송비의 증가율이 크므로, 항공은 해운보다 단위 거리당 운송비 체감율이 낮다.

③ 국내 화물 수송 분담률은 도로 > 해운 > 철도 > 항공의 순이다. 이 선택지가 오답 중에서 가장 높은 비율로 선택되었다. 해운이 여객 수송을 기준으로 볼 때는 철도보다 매우 낮은 비율로 이용되지만 '화물'을 기준으로 보면 더 높다는 점이 파악되지 않은 것이다. 공부할 때 이런 부분은 통념과 약간

다른 부분이므로 출제될 가능성이 높다고 생각하면서 잘 기억해 둘 필요가 있다.

④ 지하철이 해운보다 기동성과 문전 연결성이 우수하다. 틀린 진술이다.

이 문제에서 오답 선택 비율이 높은 순서로 보면 ③이 33%로 가장 높고 ②가 18.6%로 두 번째다. ③번을 선택한 사람은 '여객'이 아니라 '화물'의 경우에 해운이 철도보다 높다는 점을 공부하면서 주목해 두지 않았기 때문에 그냥 상식적인 선에서 답을 고른 것이라고 볼 수 있다. ②번을 선택한 사람은 '단위 거리당 운송비 체감률'이라는 개념을 잘 이해하지 못했다고 볼 수 있다. 오답노트는 다음과 같다.

과목	한국지리	교재	2013 9월 모평	문제		유형	④⑥

그래프 해석에 실패했고 '단위 거리당 운송비 체감률'과 같은 전문 용어를 제대로 알지 못했다.

공부할 때 그냥 단순히 암기만 하였지
개념과 용어의 의미를 구체적으로 적용하는 연습을 하지 못했다.
그래서 이렇게 그래프를 해석하는 문제는 손도 대지 못했다.
지리 과목에서 까다로운 유형이 이런 자료 해석 문제인 것 같다.
소홀히 하지 말자.

여기까지 읽어 온 여러분께 경의를 표한다. 이 책은 공부법 책이지만 다른 공부법 책에 비해서 읽기가 부담스러웠을 것이다. 수월하게 읽으면서도 깨달음을 주는 책들도 존재하지만 나는 쉽게 얻은 깨달음은 쉽게 사라진다고 믿는 편이다. 깨달음의 의미를 하나하나 곱씹으면서, 또 깨달은 것을 구체적으로 체화시키는 노력을 하면서 읽는 책이 되었으면 하는 마음에서 이 책을 썼다.

흔히들 물고기를 주는 것보다 물고기를 잡는 방법을 알려 주는 것이 더 좋은 교육이라고들 말한다. 지식보다는 방법이 중요하다는 얘기다. 그런데 내 생각은 좀 다르다. 지식보다 방법이 중요한 것은 맞지만, 방법보다 더 중요한 것이 있다고 생각한다. 그것은 바로 '태도'다. 공부에 대해서 어떤 태도를 가지고 있느냐가 무엇보다 중요하다고 본다. 공부에 대해서 진지한 태도를 갖고 있는 학생이라면 공부하는 방법은 그리 크게 문제가 되지 않는다. 문제는 우리나라 교육 현실에서 공부에 대해 진지한 태도를 갖는 일이 매우 어렵다는 점이다.

전작인『도미노 공부법』과 이 책은 모두 공부에 대해서 진지한 태도를 갖고 싶어 하는 학생들에게 조금이라도 도움을 주고자 하는 의도에서 쓴 책이다. 그래서 이 책의 많은 부분이 공부하는 방법에 대해서 말을 하고 있지만 그 이면에서는 공부에 대해서 진지한 태도를 갖기 위해 필요한 마음가짐과 공부 습관에 대해서 말하고 있다. 이 책을 읽으면서 그 점을 느낀 독자라면 아주 잘 읽어 온 것이라고 본다. 그래서 "틀린 문제가 스승이다"라는 말 속에 담겨 있는 함축을 잘 이해했을 것이다.

태도는 마음가짐에서 결정된다. 마음가짐이란 생각과 의지의 결합이다. 그리고 그 생각의 대상은 '공부'가 아니라 '나 자신'이다. 나는 '나 자신'에 대해서 어떤 생각을 갖고 있는가? 나는 나의 인생을 얼마나 가치 있게 여기고 있는가? 나를 되돌아보는 이런 생각들과 나를 가치 있게 만들고자 하는 의지가 결합되면 삶에 대해서, 그리고 삶의 중요한 과정인 공부에 대해서 진지한 태도를 가질 수 있다.

태도를 지속하게 만드는 것은 습관의 힘이다. 공부에 대해 진지한 태도를 가졌다가도 현실의 유혹과 난관을 만나면 쉽게 허물어질 수 있다. 이럴 때 허물어지지 않게 만드는 힘이 바로 습관의 힘이다. 특히 공부 습관은 무엇보다 중요하다.

이 책이 여러분에게 이런 마음가짐과 공부 습관을 가질 수 있도록 하는 데 작은 기여라도 할 수 있다면 더 바랄 것이 없다.

권종철

성적의 저항선을 뚫고 비상하는 힘

틀린문제가
스승이다

초판 1쇄 인쇄 2016년 2월 18일
초판 1쇄 발행 2016년 2월 25일

지은이 권종철
펴낸이 김선식

경영총괄 김은영
마케팅총괄 최창규
책임편집 이여홍 **크로스교정** 김서윤 **디자인** 김규림 **책임마케터** 최혜령
콘텐츠개발3팀장 김서윤 **콘텐츠개발3팀** 이여홍, 김규림, 이은, 김수나
마케팅본부 이주화, 정명찬, 이상혁, 최혜령, 박진아, 이소연, 김선욱, 이승민
경영관리팀 송현주, 권송이, 윤이경, 임해랑

펴낸곳 다산북스 **출판등록** 2005년 12월 23일 제313-2005-00277호
주소 경기도 파주시 회동길 37-14 3, 4층
전화 02-702-1724(기획편집) 02-6217-1726(마케팅) 02-704-1724(경영관리)
팩스 02-703-2219 **이메일** dasanbooks@dasanbooks.com
홈페이지 www.dasanbooks.com **블로그** blog.naver.com/dasan_books
종이 한솔피엔에스 **출력·인쇄** 갑우문화사 **후가공** 이지앤비 특허 제10-1081185호

ISBN 979-11-306-0743-6 (13370)

다산북스(DASANBOOKS)는 독자 여러분의 책에 관한 아이디어와 원고 투고를 기쁜 마음으로 기다리고 있습니다.
책 출간을 원하는 아이디어가 있으신 분은 이메일 dasanbooks@dasanbooks.com 또는 다산북스 홈페이지 '투고
원고'란으로 간단한 개요와 취지, 연락처 등을 보내 주세요. 머뭇거리지 말고 문을 두드리세요.